天津市教育科学“十四五”规划课题“产教融合背景下现代学徒制人才培养质量保障体系研究”（项目编号：CJE210248）

U1004423

中国现代学徒制人才培养质量保障体系研究

王淑文　著

天津出版传媒集团
天津科学技术出版社

图书在版编目（CIP）数据

中国现代学徒制人才培养质量保障体系研究 / 王淑文著. -- 天津 : 天津科学技术出版社, 2022.11

ISBN 978-7-5742-0629-8

Ⅰ. ①中… Ⅱ. ①王… Ⅲ. ①高等职业教育－学徒－教育制度－人才培养－教学质量－保障体系－研究－中国
Ⅳ. ①G718.5

中国版本图书馆CIP数据核字(2022)第196890号

中国现代学徒制人才培养质量保障体系研究
ZHONGGUO XIANDAI XUETU ZHI RENCAI PEIYANG ZHILIANG BAOZHANG TIXI YANJIU

责任编辑：宋佳霖
责任印制：兰 毅

出 版：天津出版传媒集团
天津科学技术出版社
地 址：天津市西康路35号
邮 编：300051
电 话：（022）23332490
网 址：www.tjkjcbs.com.cn
发 行：新华书店经销
印 刷：定州启航印刷有限公司

开本 710×1000 1/16 印张 13.25 字数 230 000
2023年1月第1版第1次印刷
定价：68.00元

前言

中国现代学徒制具有较强的综合性，其主要体现在：首先，是对我国传统学徒制优秀文化的一种继承和发展。其次，是合理吸收了其他国家现代学徒制的优势，以彰显我国文化中具有“源远流长”和“博采众长”的特性。将中国现代学徒制引入院校，院校可以加强与企业的合作，实现教学与生产对接、毕业与就业承接，促进学生职业技能的提升以及职业素养的形成，有利于将院校学生打造成为集知识、技能以及创新意识于一身的高素质复合型人才。在本书的论述中，笔者着重从中国现代学徒制人才培养质量保障体系的构建入手，分别从以下角度进行论述：

第一章：首先介绍的是我国现代学徒制的内涵以及影响因素。其次，深入挖掘支撑我国现代学徒制形成的理论基础，并分别从我国以及外国两个角度分析论述。最后，介绍西方国家在现代学徒制方面取得的成就，并对现代学徒制实现中国化进行介绍。旨在促进中国现代学徒制的完善与发展，促进我国现代学徒制人才培养保障质量体系的完善。

第二章：此章内容主要是从制度的角度入手，阐述了从制定学徒制框架的标准、设立激励晋升制度以及划分责权利的界限三部分内容着手，来促进中国现代学徒制人才培养质量体系构建的制度保障，并让整个现代学徒制人才培养质量保障体系的构建具有指向性。

第三章：此章内容主要是从中国现代学徒制人才培养质量保障体系的落实入手，即通过借助校企协作部门的力量实现“共招生和共培育”“共管理和共监督”“共考核和共评估”的目的。从学生、经费以及考核等多个角度入手，推动现代学徒制人才培养质量保障体系的构建，促进知识型、技术型以及创新型人才的培养。

第四章：在此部分内容的论述中，笔者着重论述学校教师与企业师傅的综合教学能力提升以及管理。在学校教师教学能力提升方面，笔者以国家层面和时代层面作为提升教师综合教学能力的主方向，并深入结合院校的实际，探究提升本校教师教学能力的方法，旨在为现代学徒制人才培养质量保障体系的构建提供学校“土壤”；在研究企业师傅方面，笔者着重从具体的岗位入手，对企业师傅进行岗位化管理。一方面从岗位师傅的选拔和任用入手，另一方面从提升岗位师傅的综合教学能力切入。使岗位师傅能够更高效地将个人的实践技能以学生所能接受的方式进行传授，促进企业在中国现代学徒制人才培养质量保障体系的“土壤”构建。

第五章：此章主要是探究现代学徒制的“漏洞”，即让此种人才培养模式更为适应企业的发展以及学校的教学。在实际的探究“漏洞”的过程中，笔者分别运用PDCA闭环管理模式、“学分银行”等，探究出现代学徒制在开展中的“漏洞”，并提出解决策略，促进学校与企业、企业师傅与学校教师沟通机制的构建，解决现代学徒制人才培养过程中的诸多实际问题，促进院校优质人才的产生。

第六章：此章主要论述两方面的内容。一方面，对上述内容进行总结，即总结现代学徒制人才培养质量保障体系的优势；另一方面，从宏观的角度对现代学徒制人才培养进行展望，旨在促进现代学徒制人才培养质量保障体系的进一步完善。

目录

第一章　深挖现代学徒制理论为人才培养保障体系指明“方向”

第一节　中国现代学徒制的内涵及影响要素

一、中国现代学徒制的内涵

探索中国特色现代学徒制是党的十九届五中全会通过的《中共中央关于制定国民经济和社会发展第十四个五年规划和二〇三五年远景目标的建议》(以下简称《建议》)中的重要部署，是李克强在2021年全国职业教育大会进行批示的内容。

中国特色现代学徒制首先是对我国传统文化中的现代学徒制度的传承和发展，其次是对西方现代学徒制的学习和中国化，最后是对当前新发展格局和技能型社会建设的呼应。为了更好地发挥现代学徒制在现代职业教育中的作用，笔者认为十分有必要对中国现代学徒制的内涵进行认知。具体而言，笔者着重从三大方向详细论述中国现代学徒制的内涵，如图1–1所示。

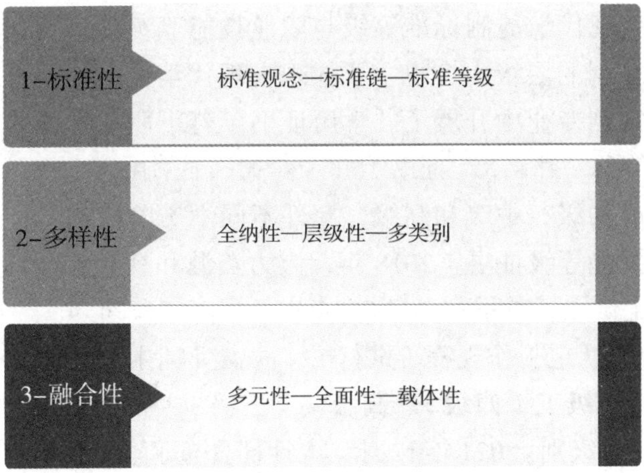

图1–1　中国现代学徒制的内涵

（一）中国特色现代学徒制内涵之一：标准性

1. 树立中国特色现代学徒制之标准观念

为了增强中国特色现代学徒制发展的良性化和标准化，国家以及相关部门需要从树立正确的中国特色现代学徒制观念入手，构建中国特色现代学徒制的标准，促进中国特色现代学徒制科学有效发展。为此，2019 年，国务院印发的《国家职业教育改革实施方案》（简称“职教 20 条”），将构建职业教育的国家标准作为具体目标和内容。同年还在《教育部办公厅关于全面推进现代学徒制工作的通知》中明确提出要进行现代学徒制标准体系建设。

2. 构建中国特色现代学徒制之“标准链”

中国特色现代学徒制中的“标准链”主要包括两方面层次性的内容。第一层次的内容是以职业为起点的“标准链”，主要包括三对主体的对接，分别是生产过程与教学过程、职业标准与课程内容、产业与专业。第二层次的内容是以岗位为二次延展点的“标准链”，主要对接的是国家专业教学标准，旨在建立“职业标准—岗位标准—专业标准—课程标准”的中国特色现代学徒制的“标准链”。在此标准链的构建过程中，需要考虑两点问题：一是注重现代学徒制实训条件的建设标准以及与其他现代学徒制标准的联合性开放；二是凸显企业在标准链建设中的主体地位。

3. 建立中国特色现代学徒制之标准等级

中国特色现代学徒制标准等级与职业技能等级证书密切相关，现代学位现代学徒制的层级内容也主要体现在现代学徒制的标准等级中。当前，现代学徒制专业中开展了“学历证书 + 若干职业技能等级证书”的制度试点（简称“1 + X”证书）。“1 + X”证书由遴选出的培训评价组织实施，分成初级、中级和高级，允许不同学历阶段的学徒跨越学历阶段考取职业技能等级证书。2018 年，人力资源和社会保障部开展了职业技能等级认定试点，首批在 18 家央企中开展。2020 年 4 月，人社部印发《职业技能等级认定工作规程（试行）》，规定职业技能等级一般分为初级工（五级）、中级工（四级）、高级工（三级）、技师（二级）和高级技师（一级）五个级别。2021 年 12 月，人社部公布了《国家职业资格目录》，技能人员共有 13 项，大致分为准入类和水平评价类两类。

（二）中国特色现代学徒制内涵之二：多样性

1. 以惠及对象为立足点，展现中国特色现代学徒制之全纳性

现代学徒制包含的对象多种多样，主要包括职业院校招收的新生。加之受到高职扩招政策的影响，我国职业教育发展的总趋势呈现出新的特点，即旨在构建具有全民性、生命性以及服务性的职业教育体系。这在很大程度上拓展了我国现代学徒制的容纳对象，表现出此种教学方式在招收对象上具有全纳性的特点。

2. 以等级层次为切入口，彰显中国特色现代学徒制之层级性

我国现代学徒制试点中的学徒层级可划分为高级和中级两个等级。学徒的培养由职业院校和企业共同完成。学徒的最高级别为高级技工或大专水平。随着我国普职融通体系的构建，将进一步实现技术等级与学历等级的对标，即学徒技能级别的高级技师和工程师，可以对应相应学历等级的硕士和博士。

3. 以学徒类别为发散点，体现中国特色现代学徒制之多类别

我国现代学徒制试点主要开展学历教育和正规教育，未来发展趋势中应包括现代学位现代学徒制，也应包括现代非学位学徒制。现代学位学徒制一直延伸至博士学位；现代非学位学徒制向下延伸至民间现代学徒制。比如，在我国烹饪、美容美发等行业中，一些学徒培养就属于民间现代学徒制。

4. 以工作模式为落脚点，表现中国特色现代学徒制之协同性

根据不同的专业特色，中国特色现代学徒制形成了不同的工作模式。比如工作室模式，这种模式有利于培养专门技艺、非遗传承的人才，不仅对人才的需求少，还很专业。

（三）中国特色现代学徒制内涵之三：融合性

1. 现代学徒制培养目的之多元性

2014 年开始的现代学徒制试点改革源于因技术技能人才短缺而带来的结构性失业问题。最初，开展现代学徒制的原因是为了适应产业升级，培养更多技术精湛的人才。此后，开展现代学徒制的目的开始转变，即为了响应技能型社会战略，打造技术人才成长环境，落实各种人才培养

措施的号召。比如进行人才评价、激励和保障等，最终形成国家重视技能、社会崇尚技能、人人学习技能、人人拥有技能的技能型社会。

2. 现代学徒制对接方式之全面性

在现代学徒制试点中，政府可以运用行政力量促进行业学会与教育行政部门的直接合作，降低校企点对点合作中产生的交易成本，达到实现提升合作效率的目的。

3. 现代学徒制职业教育之载体性

项目推进是当前职业教育改革的主要形式，如“双高计划”、教师教学创新团队、“三教”改革、高职百万扩招、职业技能培训提升计划、示范性职教集团、产教融合型企业、1 + X证书制度等。不但众多项目涵盖现代学徒制，如在“双高计划”、产教融合型企业建设和示范性职教集团建设中，现代学徒制是必选项；而且与现代学徒制紧密联系，如在高职百万扩招中，社会生源可以通过现代学徒制的方式进行培养。现代学徒制的改革有利于组建校企深度融合的教学创新团队；现代学徒制还实行多种必选项目，在《教育部办公厅关于全面推进现代学徒制工作的通知》（教职成厅函〔2019〕12号）中规定，开展现代学徒制的专业需率先实施“学历证书 + 若干职业技能等级证书”制度的试点。

二、中国现代学徒制的影响要素

在进行中国现代学徒制影响因素的研究中，笔者着重从现代学徒制的构成进行影响因素的分析，并结合具体的实践进行相应论述，旨在为现代学徒制人才培养质量保障体系的构建提供有价值的参考。在实际的论述中，笔者着重从图1–2所示的四个角度进行分析。

图1–2　中国现代学徒制的影响要素

（一）校企合作平台

校企合作平台的搭建是由学校、企业以及学生共同完成的，其搭建的具体过程如下。首先，“共招生”与“共招工”。校企共同参与学生、员工的招收工作。其次，“共培养”与“共育人”。校企共同制定人才培养目标、计划以及方案，并明确各自在育人方面的职责，实现育人的协同性。最后，“同突破”与“共深入”。校企双方在现代学徒制探索过程中需要突破各种瓶颈，比如陈旧的教学机制和体制，提升校企合作的深度、广度和高度，实现校企合作在现代学徒制人才培养中的立体化发展。

（二）课程内容和课程体系

现代学徒制是一种课程内容和课程体系重构的学习载体。在课程内容重构方面，学校教师以及企业师傅可以结合企业的实际生产需要以及学校的实际教学条件，对课程内容进行针对性的重建，兼顾课程内容的职业性和高等性。在课程体系方面，学校教师和企业师傅可以构建院校理论知识与实际岗位任务相对应的课程体系，既让学生以理论知识作为分析岗位任务的依据，又使他们运用岗位任务的执行案例理解知识，促进两者的相辅相成，发挥现代学徒制在课程内容以及体系重构方面的载体性作用。

（三）教学组织和管理模式

笔者认为教学组织和管理模式是现代学徒制的“骨架”。在进行现代学徒制人才培养的过程中，校企可以综合分析学生发展的共性以及个体发展的个性，实行柔性化的共同管理模式和教学组织形式，即共同进行课程管理、课程评价以及人才培养，提高现代学徒制人才培养质量。

（四）优质的双师队伍

优质的双师队伍主要是指学校教师以及企业师傅教育教学的优质性。学校教师的优质性主要体现在，教师除了具备专业的学科知识外，还需要具有较强的实践能力，即具有较强的职业实践能力，至少需要具有一段从事该行业的经历。企业师傅的优质性体现在，企业师傅不仅具有专业的实践能力，还要具备较强的教学能力，尤其是需要形成先进的职业教育理念，锻炼出较高的综合执教能力。

第二节　构建我国近现代学徒制之理论基础

一、黄炎培产教融合思想及其对近现代学徒制的影响

在不同国家，现代学徒制的模式不尽相同，其本质内涵却与黄炎培先生提出的职业教育思想（如手脑并用的培养方式、产教融合的办学模式等）有着紧密的联系。

（一）近现代学徒制具有手脑并用的特点

在黄炎培多年的教育实践和走访调查中，发现大多数老师思想陈腐，不肯接纳新事物，仍然用传统的教育方法和教育理念来教授学生，教出来的学生也很难跟上时代的步伐。面对这种状况，立志于教育救国的黄炎培意识到，必须进行教育改革来培养适应社会生产的人才。职业教育是以职业为目的，以教育为手段，其宗旨在于沟通教育与社会。这在一定程度上可以说明，为了形成青年的知能，在兴办职业教育的过程中，既让青年懂得用脑读书，又使他们动手完成工业品的制造。“职业教育的目的乃在养成实际的、有效的生产能力，欲达此种境地，需要手脑并用。”[①] 他指出“世界文明是人类手和脑两部分联合生产出来的”，明确这一观点后就应该“要使动手的读书，读书的动手”，注重让人们在实际生活中懂得动手和动脑，促使问题有效解决。

“手脑并用”的教学原则是黄炎培以世界视角提出的，其主要基于以下事件：20 世纪以来，各国工业如火如荼地发展起来。受一战的影响，工业需要大量熟练的工人，即初级职业技术人才。这种现象使黄炎培得到以下结论：把做事和求学结合起来，单纯做事而不思考，或只靠学习而不实践，都是不利于职业技能的培养的。理论可以指导实践，但技能的形成关键在于实际的操作，否则就是纸上谈兵。为贯彻这一教育原

① 谢泽文．黄炎培职业教育思想概述[J]．教育探索，2007（5）：7-8.

则，他在开办中华职业学校时，设校内工厂，让学生边实践边学习；在课程设置上，学生学习半天，工作半天，就此形成近现代学徒制的雏形。1918年，黄炎培等人以“双手万能，手脑并用”为教学原则，创办了上海中华职业学校。由此可见，在黄炎培的职业教育观中，他得出以下结论：做学合一，理论与实践并重的集中体现，最能体现，也最该体现“手脑并用”这一原则。

学习者要熟悉该操作技能的历史，当前的形态，以及未来的发展；行业内部其他相关职业的知识；关于责任、就业和劳动法相关的法律知识；关于成本核算的经济学知识；关于服务意识、健康和安全、环境保护等方面的普通知识。因此，在近现代学徒制体系下，学生能到工作现场参观、实习，把理论知识付诸实践，把实践中的问题带回课堂，更好地促进了他们理论知识与实践能力的双重提升，实现了手脑并用。

（二）近现代学徒制是产教融合的有效途径

产教融合是黄炎培所提倡的职业教育的核心思想，他提出通过改革传统教育方式让学校教育与生产相结合的思想。产教融合是指，从事生产经营的行业企业与专注教学的学校（职业学校），“以协同育人为核心，以合作共赢为动力，以校企合作为主线，以项目合作、技术转移以及共同开发为载体，以文化共融为支撑的产业、教育内部及之间各要素的优化组合和高度融合，各参与主体相互配合的一种经济教育活动方式。”[①]产教融合是提高人才培养质量，推进手脑并用、做学合一的有效途径。

通过开办中华职业学校的经历，多次碰壁后的黄炎培认识到教育具有较强的综合联系性。在具体的教育过程中，教育者需要构建教育内容与多种主体的联系，比如与全社会联系，尤其是和行业企业紧密合作。“积极说来，办职业学校的，须同时和一切教育界、职业界努力沟通和联络；提倡职业教育的，同时须分一部分精神，参加全社会的运动。”[②]设定学科需要看职业界的需要、编订教材要看是否符合职业界的需要、聘请老师也要利用职业界的人才。一言以蔽之，在进行大职

① 周俐萍，郭湘宇．黄炎培产教融合思想的基本内涵及当代价值[J]．教育与业，2021（14）：21-28.

② 舒新城．近代中国教育思想史[M]．合肥：安徽人民出版社，2019：122.

业教育中，学校在设定相应的科目时，一方面需要考虑实际的职业界需要，另一方面应该考虑聘请专业的人士，此即为黄炎培于 1925 年 12 月提出的“大职业教育主义”。这也导致黄炎培积极进行以下实践：首先，邀请农、工、商和教育界的专家。其次，组织他们共同探讨社会对人才的需求。最后，征求他们对学生和学校的意见和建议，以期培养当世所需之才。大职业教育主义的意义是“它改变了单纯就职业教育办职业教育的缺陷，把兴办职业教育纳入了整个社会发展的运行机制之中。”① 总而言之，黄炎培一方面成为中国职业教育的开路人，促进职业教育的良性发展，也为民族工业的发展提供了新鲜血液，让民族工业迸发出新活力。

二、利益相关理论及其对现代学徒制的影响

（一）利益相关者理论概述

1. 利益相关者的定义

利益相关者本意是指那些因对组织活动投注而获得活动利益分享或共同承担失败结果的人。此概念于 1963 年由斯坦福研究院首次提出，主要指决定企业生存和发展的群体。此后出现了大量关于利益相关者的定义，获得大多数人认可的是美国经济学家费里曼于 1984 年提出的定义，他认为利益相关者是“任何能够影响组织目标的实现或受这种实现影响的团体或个人”。② 此后，他再次深入进行解释，认为“利益相关者是那些因公司活动受益或受损，其权利也因公司活动而受到尊重或侵犯的人”。③ 此定义强调了利益相关者在实现企业目标的过程中，与企业紧密相连、互相影响的关系。

自 1963 年首次提出“利益相关者”以来，有关利益相关者的定义发

---

① 陈九如 . 黄炎培职业教育思想探究 [J]. 安徽商贸职业技术学院学报，2004（2）：55-58.

② FREEMAN R E. Strategic management:a stakeholder approach[M].Boston: Pitman, 1984: 345.

③ FREEMAN R E. Strategic management:a stakeholder approach[M]. Boston: Pitman, 1984: 360.

展经历了三个阶段。第一个阶段，利益相关者被定义为“组织不可或缺或对组织有依赖的团体和个人”①，研究者们开始考虑个人或团体利益对组织的影响。第二个阶段，利益相关者被进一步丰富为“对组织有请求权（或其他权利要求）以及能够影响组织活动（或决策）或受组织活动影响的团体和个人”②，增加了利益相关者与组织之间的关系描述。第三个阶段，利益相关者的定义具体到合约关系、资本注入及价值创造等具体操作环节层面，体现了利益相关者开始参与权益分配。③

2. 利益相关者理论的主要内容

利益相关者理论是管理学理论中的一个重要理论，是针对企业所有权的配置和归属问题而提出。利益相关者理论出现之前，企业所认同的是股东至上理论。传统的股东至上理论认为股东是企业的物质投资人和所有人、承担企业运营的风险，因此要享有企业全部剩余价值的控制权和索取权。但随后，随着企业规模壮大、股权结构分散，企业的控制权转入职业经理人手中，人力资本要求与物质资本共同分享企业的附加价值，由此，利益相关者理论产生。利益相关者理论认为，企业本质上是由企业各利益相关者共同组成的。④ 各利益相关者投入企业必需的物质资本和人力资本、参与企业经营决策，并且承担一定的风险，因此，企业必须将各利益相关者的利益需求纳入重点关注范畴。

（二）利益相关者理论对高职院校现代学徒制的启示

1. 政府层面的启示

政府对于现代学徒制的开展起着重要的导向作用，一方面是可以提供舆论导向，另一方面能够提供具体的政策支持，促进现代学徒制的良性和有效发展，促进技术型、知识型、创造性社会主义现代化人才的产

① 张舒丽．“存废”之间的美国高等教育“肯定性行动”研究 [D]. 昆明：云南师范大学，2022.

② 周柳．基于利益相关者视角的现代学徒制研究 [D]. 广州：广东技术师范学院，2016.

③ 张宏亮．利益相关者视角下中国矿业治理机制研究 [D]. 北京：中国地质大学，2015.

④ JENSEN.Mecking,W.H.Theory of the firm:managerial behavior,agency costs,and ownership structure[J].Journal of Financial Economics,1976(3):305-360.

生。在具体政府层面的执行措施上，笔者着重从图 1–3 所示内容进行简要论述：

一、顶层设计

招生管理办法、教学管理办法
教学计划、试点企业资质

二、协调各方

立法、优惠政策、专项资金

三、兼顾两面

教学改革、职业资格制度

图 1–3　政府层面的启示

（1）顶层设计。在进行顶层设计的过程中，政府需要结合不同地区的经济发展状况以及校企合作实情，颁布一系列制度文件，如招生管理办法、教学管理办法等，规范教学计划、试点企业资质、课程开发与考核等内容，让具体的现代学徒制开展更具执行力。

（2）协调各方合作。在协调各方的过程中，政府可以从立法、优惠政策以及专项资金三个角度入手。在立法方面，立法部门可以通过构建法律的方式，明确相关利益者的实际利益范围，以及获得与利益相对层面的权利，让校企双方发挥各自的优势，并通过相互学习的方式，补足双方的短板，推动校企双方的精准互动；在制定优惠政策方面，政府可以通过制定多种优惠政策的方式，比如进行税收优惠，或是政府补贴等，吸引更多的企业，让其投入校企合作的现代学徒制人才培养之中。在专项资金设立方面，为了确保现代学徒制开展具有足够的物质条件，政府可以结合高职院校的具体现代学徒制开设状况，给予必要的资金支持。

（3）兼顾教学改革与职业资格制度构建。在实际的教学改革方面，各级政府可以从以下两点入手：第一，结合生源地的不同，设置不同的考核标准。第二，通过构建跟踪机制的方式，记录学徒的成长过程，建立学徒档案。在职业资格制度构建方面，各级政府需要从以下两点入手。第一，促进职业教育与普通高等教育的联动，促进职业资格证书与学历证书的联动；第二，加大对职业资格许可以及认定事项的检察工作力度。

2. 高职院校层面的启示

（1）完善课程体系。在课程体系完善的过程中，院校可以从与岗位的契合度、人才方案的制定以及促进学徒的全面发展三个角度入手。在人才方案的制定方面，院校需要征询同行业中企业的要求，设定相应的人才培养方案，为课程体系的构建指明方向；在岗位契合度上，院校要按照人才培养方案的要求，建构与岗位相协调的课程体系；在促进学生发展方面，院校可以在课程体系建设中融入人文教育，促进学生职业素养的形成和职业思想道德境界的提升。

（2）改进管理机制。在进行管理机制的构建中，高职院校可以从工作监督委员会的成员构成、评价工作的开展、试点专业相关内容的商议以及校企双方评价四个角度入手，优化现阶段的管理机制。第一，在监督委员会的成员构成上，院校可以将优秀教师、企业骨干以及行业专家引入现代学徒制试点工作监督委员会中，通过多元化的成员结构，实现有效进行试点工作开展的目的。第二，在进行评价工作方面，院校可以与企业进行合作，对学校以及企业的试点工作条件进行评价，针对不合理的部分，进行针对性修改。第三，在现代学徒制专业建设过程中，院校可以引入多元化的内容，比如专业特色、培养标准以及教学计划等，增强内容丰富性的同时，促进现代学徒制各项工作的有效开展。第四，在进行校企双方评价时，院校需要对学徒的理论知识进行评价，企业对学徒的实践知识进行评价，最终将两者的评价结果放入学徒评价档案袋中。

（3）建设双师队伍。在双师队伍的建设过程中，院校需要从引入、管理以及进修三个角度入手。在引入方面，院校可以合理调整“双师”队伍中的企业师傅比例，优化队伍整体的师资结构，实现“双师”之间的相互学习，相互促进，提升整体师资力量。在管理方面，院校教师需要健全现有的“双师”管理机制，并着重从双师的招聘、考核、评价等角度入手，激发双师工作潜能，提升双师管理水平。在进修方面，院校可以通过多种方式让教师定期进修，比如既可以邀请专家到院校指导实训，又能够让教师定期到企业挂职锻炼，还可以鼓励教师到双高院校学习，促进本校双师队伍综合素质的提升。

3. 学徒层面的启示

第一，转变对高职教育的看法。高职院校与普通院校均属于高等教育，近年来国家投入大量资源发展高职教育，其办学地位和水平都有较大提升。学徒要加快转变自身对高职教育的看法。第二，端正学习态度。学习态度是决定学徒学习效果的重要因素，学徒唯有端正自身学习态度，才能更好地提升自身综合素养。第三，培养核心竞争力。学徒应当充分利用现代学徒制培养模式这个契机，充分学习专业知识与专业技能，并将其转化为自身的核心竞争力。

三、新职业主义理论及其对现代学徒制的影响

（一）新职业主义理论

1. 新职业主义理论产生的背景

新职业主义理论的产生，是当时英国经济社会发展的必然结果。在新职业主义产生的诸多因素中，经济原因是主要的。20 世纪 70 年代的英国，英镑不断贬值，社会动荡不定。英国丧失了工业科技的优势，而且没有及时进行经济结构调整，造成英国经济持续衰退，失业率居高不下，教育对经济和社会的促进作用受到人们质疑，这为新职业主义思想的产生提供了现实基础和强大动力。为了改变经济积弱的局面，重回富国经济排名表前列，自 20 世纪 70 年代开始，英国进行了长达 20 多年的经济体制市场化改革。改革的重点是实行国有企业的私有化和改革福利制度。国有企业的私有化带来了企业并购的热潮，这造成了工人大量地流动。劳动者为了找到更好的工作，需要提高自己的各种技能，包括工作技能、适应能力以及人际交往能力等。福利制度改革方面，在保留福利国家制度的前提下，鼓励雇员自主创业，在创业期间为他们提供税收优惠，建立以鼓励工作为核心的福利体系。这些政策和变化，要求劳动者必须具备宽厚的职业准备和更强的人际关系等能力，以适应不断变化的职业世界。反观过去的职业教育，只是培养劳动者单一的技能或单一从事某项工作的能力，对于新行业中新的工作岗位并不能胜任。这些因素的综合作用，使得新职业主义理论的产生成为必然。

2. 新职业主义理论的核心思想

新职业主义理论的核心思想就是职业教育应该培养学生的职业核心能力。所谓职业核心能力就是完成任务与解决问题的实际能力。因为能

力的普遍性和易迁移的性质，决定了它对人的发展至关重要。新职业主义理论认为工人不应该只是熟练的技术操作者，更应该是知识和技术的创造者。职业教育不应该只培养学生从事某一项职业所需要的技能，而应该将培养的目标转向培养能够适应多种职业的能力的人才。这种能力不仅仅是让学生熟练地掌握某一种操作技能，更重要的是要有“核心技能”。

“职业核心能力撇开学习者的职业目标和现有的知识能力，着重强调在任何工作领域都能使用到的一般技能。”① 在具体的表述上，英美各国又有所不同。英国人力服务委员会在1983年推出了一项名为“青少年培训”的计划。在这项计划里，英国人力服务委员会首次系统阐述了核心技能理论。在该项培训计划中，人力服务委员会把核心技能划分成五个方面：数字、交流、问题解决、实践技能和计算机与信息技术。在此基础上，英国国家课程委员会把职业核心能力划分为：问题解决、交流、人际关系技能、数字、信息技术和现代语言。美国劳动力委员会认为职业核心能力必须具备以下三方面技能：基本技能，包括读、写、算、数学、说、听；思考技能，包括创造性思维、决策、问题解决、想象、推理、如何学习；个人品质，包括责任心、自尊、交际能力、自我管理和诚实。新职业主义教育理念主张在职业教育培训过程的每个步骤中，都要包含核心技能的训练。随着新职业主义理论在我国的发展，职业核心能力的界定在我国教育界有了新的认识。在我国，一般认为“职业核心能力是人们职业生涯中除岗位专业能力之外的基本能力，它适用于各种职业，是伴随终身的可持续发展的能力。”② 职业能力培训和职业资格证书体系一般分为三个层次：专业特定技能、行业通用技能和核心技能。规定核心技能培训与测评的项目为八项，即与人交流、数字应用、信息处理、与人合作、解决问题、自我提高、革新创新和外语应用。

---

① 刘春生，周海燕．论美国基于新职业主义的职业教育理念及实践[J]. 湖南师范大学教育科学学报，2006（2）：57-61.

② 刘朝晖．新职业主义下高等职业教育核心能力的培养[J]. 管理研究，2010（8）：118-119.

（二）新职业主义理论对现代学徒制的影响

1. 英国实践新职业主义思想的措施和经验

通过对 20 世纪 70 年代英国社会、经济、文化变化的深刻思考，英国政府、企业界和教育界普遍感到必须重建新的课程、新的教育机构、新的教与学策略和新的评价与认可方式，以使职业教育适应新职业主义思想的要求。在具体的教育实践中，英国力求在教育与职业生活之间建立起更密切的内在联系。采取的措施有以下三个方面：把职业教育纳入主流教育，融合职业教育与普通教育以及构建全新的职业教育体系。①

2. 新职业主义理论指导下的我国职业教育课程改革

我国职业教育进行改革的重要目标之一是提高学生的核心职业能力。设置此目标的原因有以下两点：第一，从现阶段来看，有利于解决学生的就业问题；第二，从未来发展来看，有利于满足未来人才市场的需求，促进大学生的终身发展。为了达到这种目的，院校可以将新职业主义理论为指导方向，开展职业教育改革，促进学生核心职业能力的提高。

（1）构建以培养学生职业核心能力的课程目标。对现阶段以及未来人才发展需要而言，院校在进行课程目标的设定过程中，需要从社会发展以及企业生产等的需要角度入手，即构建贴近企业生产实际工艺的课程模式，注重加强课程内容的实际应用性，让学生在实际的学习过程中掌握各种企业生产所需的关键性技能，促进他们职业核心能力的形成。在实际的课程设计中，为了促进学生职业核心能力的形成，如图 1–4 所示，院校教师可以从以下 4 点着手：

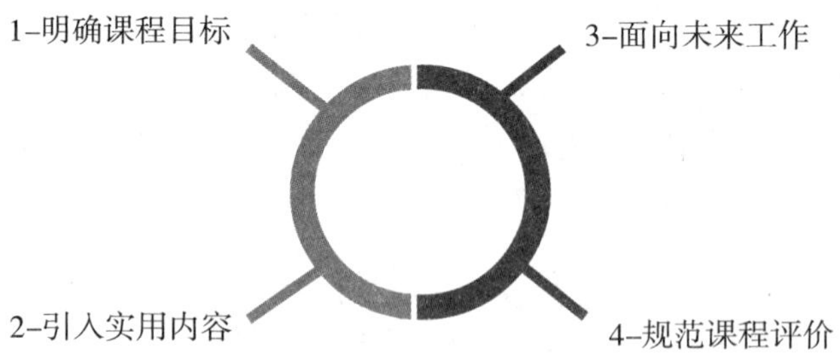

图 1–4　构建以培养学生职业核心能力的课程目标

① 石伟平，徐哲岩. 新职业主义：英国职业教育新趋向 [J]. 外国教育资料，2000（3）：47–51.

①明确课程目标。院校在制定课程目标的过程中，应注重从职业需求与学生发展两方面入手，既要发挥学生的潜能，又需结合具体的实际就业需求，即实现学生发展与职业需求的统一，促进职业核心能力的形成。

②引入实用内容。在课程内容的设定过程中，院校需要结合办学条件、学生的学习水平，引入实用性的课程内容，让学生真正在课程学习中掌握真才实学，促进他们岗位适应能力的提升。

③面向未来工作。院校在课程内容的设置中，既要立足眼前学生的实际学习能力，又需要面向学生的未来工作发展，构建具有进阶性的课程内容，促进他们综合职业能力的提升。

④规范课程评价。在课程评价的过程中，院校需要以职场岗位要求为标准，设置相应的课程评价模式，并注重融入社会性、情境性、形成性等元素，促进评价的完善性和立体性，推动课程改革的良性发展。

（2）构建以情境性教学为主的授课方法。在进行课程教学的过程中，院校教师应注重构建接近工作的场景，让学生融入其中，使他们以从业者的标准要求自己，并全身心投入完成课程任务的过程中，获得综合实践能力以及理论学习能力的提升。与此同时，在实际的课程学习中，院校教师除了提高学生的理论和实践能力外，更应注重塑造学生优良的专业精神和素养，将情境教学的效益最大化。

（3）加强以相互协作促进为主的校企合作。学校根据企业的生产实际需要开设特色课程，培养一进厂门就能顶岗生产的学生；企业积极为学校提供教学素材，参与学校的教育教学改革。根据企业需要，学校为企业开设特色班级，以企业的名称来命名班级，宣传企业形象，宣传企业文化，培养热爱企业、扎根企业的毕业生。企业为学校的实习生提供实习场所和必要的实习条件，负责实习生的管理、教育、安全等工作。实习生的实习成绩由企业进行考核。学校派教师定期到企业对实习生的工作表现进行跟踪管理。学校优先为企业输送一定数量，掌握相关技术或管理技术的毕业生。学校的毕业考试，至少一门课程的考核由企业来命题，企业可根据考核成绩择优录用毕业生。学校派教师定期到企业进行教学效果跟踪调查，适当调整教学计划，使学校的教育教学符合企业发展的需要，有针对性地为企业提供优质的人力资源。企业会将学校学生的实习期与招工试用期结合起来，在学生进入正常的劳动后，企业按规定支付工资报酬，交纳各项社会保险费等。

第三节　西方现代学徒制对我国人才培养的启示

一、德国“双元制”模式及其对中国现代学徒制的启示

（一）德国“双元制”模式

1. 德国“双元制”职教模式的主要内容

德国的“双元制”职业教育的最突出特征是受到政府支持以及法律保护，是一种将企业与学校对接、理论和实践联系、学习和就业衔接的，以培养技能型人才为目标，以企业为主体，以就业为目的的一种职业教育制度。

在“双元制”职业教育中，“一元”是职业学校，另“一元”指行业企业。以每周为例，学生前两天在学校学习专业文化知识，后三天在企业接受培训，即通过“学习 + 培训”的方式获得综合职业技能的提升。

此外，在此种模式的开展过程中，校企双方需要加强协同育人的深度，并构建以企业为主题，以校企双方共同商议的课程设置机制，并注重将校企合作运用在人才培养的始终，即从招生到就业的整个过程。

除了上述内容外，“双元制”职业教育的能力培养是以社会职业能力为本位，以受教育者为中心，所以社会的需要会反馈为学生的需要，学生的需要又成为职业教育的出发点。“双元制”教育究其实质是专业技术人员的岗前培训，教育各环节的实施都紧密围绕企业的用人需求，增强了社会实用性，节约了教育资源的投入。

2.“双元制”职业教育的特点

“双元制”教育模式的主要特点有：首先，教学主体的双元性，其分别为企业和学校。校企之间相互协作，共同育人，实现高素质职业人才的培养；其次，双元制教学的实用性。“双元制”职教模式中，教学同生产实际紧密结合，学生有三分之二以上的时间在企业进行社会生产性劳

动，内容是完全根据企业生产的要求制订培训计划。[①]“双元制”非常注重学生的实践能力与技术能力的发展；最后，双元制模式以企业为主体，即学生培养的数量以及培养目标的制定均需要企业决定。

（二）德国双元制模式对中国现代学徒制的启示

1. 发挥政府职能，构建现代学徒制管理框架

在进行现代学徒制人才培养体系的构建中，我国可以借鉴德国积极发挥政府职能的优秀经验，构建由“全国、省级以及地方”相结合的现代学徒制行政管理部门，设计具有全国性质的现代学徒制整体框架，并给予省级以及地方相应的自由空间，让他们合理借鉴发达国家现代学徒制的特点进行针对性现代学徒制制度的制定。与此同时，政府需要对省级、地方政府的现代学徒制开展状况进行督导和管理，即设置多层级的反馈机制，让省级、地方政府结合本地状况，并在国家的帮助下，合理平衡好学徒、企业、行业以及学校之间的关系，促进现代学徒制人才培养顺利、高效进行。

2. 健全法律法规，保障现代学徒制稳定运行

国家需要借鉴德国“双元制”职教模式，制定与现代学徒制相呼应的法律法规，在维护参与现代学徒制主体权利的同时，对他们的行为进行约束，促进现代学徒制人才培养的合理、科学运行。具体来说，笔者注重提出以下三个方向。首先，明确各方的责权利。国家出台明确参与现代学徒制主体的责权利，让参与者既获得保护，又需受到国家相应政策的制约，促进现代学徒制人才培养模式的顺利进行；其次，激发企业参与现代学徒制的积极性。国家可以结合我国现代学徒制的开展状况，制定具有弹性的财政政策，鼓励企业参与职业教育，并对这些参与的企业给予相应的财政补贴，激发企业参与的积极性；最后，保障学徒的合法权益。政府可以将学徒参与企业生产纳入《劳动合同法》《劳动法》的内容中，并要求企业为参与生产的学徒缴纳相应的保险，切实维护学徒的合法权益。国家通过构建相对完善的法律法规，可以在一定程度上保证现代学徒制规范、高效运行。

① 王永红．从德国“双元制”职教模式透视我国职业教育现状[J]．重庆电子工程职业学院学报，2013，22（2）：7-9.

3. 制定契合企业与学校需求的现代学徒制职业标准

借鉴德国的经验，我国应该建立现代学徒制的职业标准，确保培养出的学徒是企业所需的人才。第一，建立职业标准。教育专家、行业专家、企业一线师傅、学校教师共同制定职业标准。根据职业或专业，制定职业标准，然后制定全国范围普适的现代学徒制职业标准。第二，各地方结合本地区职业教育现状和区域经济社会发展现状，制定更加详细的教学标准。第三，校企参照详细的教学标准，实施学徒制教育。值得注意的是，在现代学徒制教学标准制定的过程中，校企双方一定要深入人才市场、行业和企业调研，确定学徒最终需掌握的核心职业能力，保证制定过程的科学性、规范化，制定出可操作、可验证并可调整的统一的教学标准。

二、英国“三明治”模式及其对中国现代学徒制的启示

（一）英国“三明治”人才培养模式

“三明治”人才培养模式主要为“2–1–1”模式，即学生先在学校里学习两年的理论课程，在第三学年进入企业实习，第四学年又回到学校进行学习。在“2–1–1”模式的基础之上又衍生出了不同的模式，例如英国格林尼治大学本科商业学专业从第二学年的下半个学期开始让学生到企业进行实习，在第三学年下半学期回到学校学习，即“1.5–1–1.5”模式。而有些学校则将一年的实习划分为两次进行，每次为期 6 个月，被称为 2 × 6 个月模式。但是无论是哪一种模式，都要使学生在学校习得理论知识的前提下到企业进行一年的学习，并再回到学校进行理论的深化。

（二）英国“三明治”人才培养模式对中国现代学徒制的启示

1. 创新校企联合机制

在中国现代学徒制的构建中，院校可以借鉴英国的“三明治”人才培养模式，推动我国产学结合、工学结合，构建新型的校企联合机制。在具体的机制构建中，校企双方可以从以下几点着力。第一，探寻校企利益平衡点，激发校企双方参与现代学徒制的积极性。校企双方需要加强沟

通，寻找学校育人性和企业营利性之间的平衡点，在维护各自利益的前提下达成校企合作共识，积极地投入现代学徒制人才培养中，打造高素质的职业人才；第二，促进院校企合作的深度和广度。在提升院校企合作深度上，校企双方可以成立研发部门，共同攻克企业在发展过程中的技术难题，提升院校企合作的深度；在提升校企合作的广度方面，校企双方需要从现代学徒制的各个层面进行合作，比如招生、课程设置、人才培养目标的设定等。通过从寻找利益平衡点以及提升院校企合作深度和广度的角度入手构建相应的校企联合机制，校企可以最大限度地投入现代学徒制的人才培养中，培养出集技术、知识和创新于一体的复合型人才。

2. 改革课程设置

在进行课程设置方面，校企双方需要从宏观和微观两个角度入手。在宏观方面，校企双方需要以区域经济发展趋势为参照，立足行业的发展变换，研究企业岗位所需要的弹性化知识和能力，并以此作为课程开发的主方向。在微观方面，校企在进行课程开发的过程中需要注意以下两点：第一，校企双方在进行课程设置的过程中需要重点考虑学生的学习水平，实际的课程教学状况，构建具有时效性的课程。第二，课程的设置需要立足于具体的岗位要求，即让学生真正在未来的岗位中可以学以致用。

3. 构建“双师型”教师队伍

在“双师型”队伍的构建中，校企双方需要借鉴“三明治”人才培养模式的经验，高度重视师资队伍建设。在具体提升师资力量方面，校企双方可以落实教师的招聘、培训、再招聘等相应步骤；在招聘方面，校企双方可以完善教师准入标准。既要重视教师的学历资格，又需重视教师的教学资格，更要重视教师的师德师风，真正将德才兼备的教师选入现代学徒制人才培养的教师队伍中；在培训方面，校企需要构建企业师傅与院校教师的互动机制，定期进行双向交流，一方面提升院校教师的实践能力，另一方面增强企业师傅的教学水平，达到双师教学“双赢”的目的。在进行再招聘的过程中，校企双方需要招聘具有丰富生产经验的技术人员、创业人员担任现代学徒制教师，不断填充教师队伍，提升整体的师资力量。

借鉴英国“三明治”人才培养模式，为工学结合、产学合作等人才培养模式提供新的元素。高职院校应该根据自身办学实际，不断探索适合自身的人才培养模式，从根源上保障人才培养的质量并不断提高办学的水平。

三、美国现代学徒制模式及其对中国现代学徒制的启示

在进行美国现代学徒制模式的介绍中，笔者注重引入美国注册现代学徒制，并更为立体地介绍此种现代学徒制的构成以及特点，为我国现代学徒制的发展提供强有力的理论支撑，推动我国现代学徒制的良性发展。

（一）美国现代学徒制模式

美国于 1937 年率先在建筑业与制造业推行现代学徒制，目前已涵盖 850 多个行业或职业，并已形成自己独特的现代学徒制培训优势，包括权责分明的合作培训、严格的学徒筛选、有效衔接的升学体制、强大的经费支持、稳定的工作保障等。对此，笔者对图 1–5 四部分内容进行简要介绍，并在后面进行详细的文字介绍。

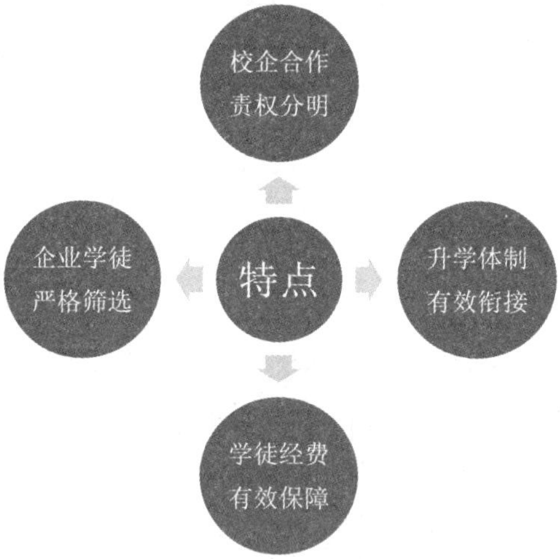

图 1–5　美国现代学徒制模式

1. 校企合作，权责分明

现代学徒制是由企业雇主（有时也包括雇主联盟）发起，高等院校参与的培训模式。企业雇主主要负责现代学徒制的规划、管理及提供经费支持，且每年为学徒工提供 2 000 个小时的实践课程。高等院校负责学徒的理论课程，按照注册协议规定，高等院校每年为学徒提供至少 144

小时的理论课程教育，每周约 4 小时。高等院校的课一般安排在周末的白天或工作日的晚上，所授课程为阅读、算术及相关的技术课程的理论知识。企业不得以任何理由占用学徒工的理论课时间。

2. 企业学徒，严格筛选

学徒工是现代学徒制工作开展的核心，所以现代学徒制的发起者为学徒培训能达到预期的效果，制定了学徒的准入资格标准。虽然这些标准因行业、专业而异，但是通常涵盖四个要素：年龄、受教育水平、资质和身体状况。

（1）学徒年龄。根据美国童工法规定，现代学徒制最低准入年龄为 16 岁。由于多数现代学徒制项目为 18 岁，所以从事危险职业必须在 18 岁以上。

（2）受教育程度。学徒的受教育程度已稳步攀升，进入大学学习的学徒数量不断增加。大学毕业生有时更受现代学徒制发起者的青睐，因为他们在管理方面更有潜力。

（3）身体状况。多数现代学徒制项目要求提供医生出具的健康证明及检查记录。企业雇主在进行面试时通常会询问学徒的健康史、家族健康史等。一些工作还有特殊的身体要求，即铁路工作人员要有强健的体力和耐力。所以身体的健康状况是企业雇主十分重视的问题。

3. 升学体制，有效衔接

2014 年注册现代学徒制振兴计划中，美国建立“注册学徒计划—院校联盟”，院校既包括社区大学，也包含部分（已超过三十所大学）两年制或四年制大学。该联盟建立后，不仅使企业与院校的结合更加紧密，而且完成注册现代学徒制培训计划的学徒可以申请就读联盟内的任何学校，以获得副学士或学士学位。且学徒之前的在职经验和课程培训成果可以转换为大学学分，但最高不超过 60 学分；更为重要的是，这些学分可以在联盟院校之间自由转换，具有高度灵活性，为学徒提供了方便。该联盟的建立不仅对职业教育的发展起到了推动作用，还利于提升美国整体的教育水平。

4. 学徒经费，有效保障

现代学徒制的经费主要由企业雇主提供，学徒在学徒期的薪资由企业雇主支付，学徒薪资状况会随着学徒的熟练程度而相应增加，初始为熟练工的50%，到培训的后期可以达到熟练工的90%。为学徒提供数额不等的薪资，不仅可以提高学徒培训的质量，而且可以帮助解决学徒的经济问题，免除学徒的生存困扰，以保障现代学徒制培训的顺利推进。

（二）美国现代学徒制模式对中国现代学徒制的启示

1. 政府的积极引导与支持

在美国现代学徒制的开展过程中，国家的宏观经济与教育政策为现代学徒制的发展提供了坚强的后盾。给我国现代学徒制发展带来的启示是，在我国当下的政治经济环境中，为了形成现代学徒制的内生力量，政府需要从以下两个方面入手：第一，政府在现代学徒制的开展过程中，需要制定相应的引导和支持政策，并强化企业参与意识，完善学校参与制度。第二，为了让企业和学校两个部门参与现代学徒制的开展中，政府需要摆脱传统的、单纯依靠教育部门的思维，亲自主持、参与现代学徒制的整体设计，充分调动校企双方的现代学徒制构建的积极性。

2. 企业积极参与现代学徒制建设

为了让企业积极参与现代学徒制建设，政府应该牵头制定政策，统筹各行业的力量，争取企业的支持，加强对职业教育的支持。具体来说，政府可以从以下两点入手：第一，让企业明确现代学徒制对于企业现在发展以及未来成长的人才战略中的重要地位，使其从主观意识上重视现代学徒制，并积极投入其中。第二，为了让更多企业参与进来，政府需要考虑企业在参与现代学徒制的经济损失，并制定相应的补偿制度。

3. 院校积极参与现代学徒制建设

在现代学徒制推进的过程中，院校要积极主动地参与其中，并与企业合作，共同商量实施的专业范围和领域，对具体专业进行分析，充分解析所要达到的目标，分析所具备的条件，从而确定需要培养的具体内容，并做好现代学徒制教学的专业教学计划。在师资方面，学校要鼓励教师到企业进行挂职锻炼，并和企业师傅进行交流，把得到的经验带回学校；在专业设置方面，学校应及时淘汰一些过时的专业，增加与企业需求相适应的新兴专业；在学制方面，学校应积极改革，以学分制为主，实行弹性学制，以满足学生在学校和企业中学习的需要。尤为重要的一点是，学校要为学徒的学历提升提供条件，为学徒就读普通四年制大学提供晋升的途径，必要时可引入第三方机构进行评定，以保证学历转换的公平与公正。

4. 制定学徒选拔标准

首先，年龄与素质。学徒需要满足成人的条件并有较强的责任担当意识。其次，教育素质。学徒必须具备基本的文化素养。高等院校可针对不同行业制定不同的标准，入学时进行严格的入学测试。在此之后，院校可以对符合条件的学徒工进行定期学业和技能测试，为合格者提供继续深造的机会。最后，制定严格的身体健康指标。在选拔学徒工时按照制定好的身体健康指标对学徒进行资格审查，身体状况不合格者，不予录取。

5. 合理设置学徒工的补助标准

美国现代学徒制向学徒提供薪资，薪资依学徒工的熟练程度而变动。我国现代学徒制仍处于起步阶段。对此，我们可以根据每个学徒所选培训项目的性质类别、培训环境等因素，为学徒提供生活保障，最理想的状态是能与学徒所在地区的最低生活保障标准相适应。

四、瑞士“三元制”现代学徒制及其对中国现代学徒制的启示

（一）瑞士“三元制”现代学徒制的特点

1. 有效的三方协作机制

瑞士现代学徒制的成功主要得益于其“三元”协作运行机制，它是由联邦政府、州政府与行业组织组成的管理机制和职业学校、企业与职业教育中心组成的教学合作机制共同构成。

（1）联邦政府的职责。联邦政府主要有两方面职责：一是职业教育的战略管理和开发，例如规划职教的发展方向，确保职教成果的质量，增加职教的透明度以及维持职教所具有的特色；二是制定职业培训条例，其中包括职教岗位培训体系的开发、质量保障、考试规则、核心教材认证和课程设置等内容，还规定了企业、行业培训中心和学校的分工职责。

（2）州政府的职责。州政府的主要职责是具体实施联邦政府的战略方针政策和发挥实施、监督和协调的职能，其中包括对学徒培训的监督，职业院校教材的开发以及学生就业的指导等。

（3）行业组织的职责。行业组织的主要职责是保证方针政策的专业性，负责制定和完善职业培训考核内容和标准等，为职业资格考试和技能考核出题，并协助政府和学校安排相关考试以及实施本行业相关内容的培训。

（4）三者之间的关系。联邦政府、州政府及行业协会实行三权分立，三方在各自相对独立的基础上参与合作分工，同时又进行监督与制约。

2. 完善的职业教育法律法规

完善的职业教育法律体系是瑞士现代学徒制成功的有力保障，它是由联邦政府、多个州级别政府以及相应行业人士共同参与，从而形成的多层次职业教育法律体系。联邦政府制定基础的法律法规，州政府在此基础上结合各个州的实际情况制定各州的教育法律法规。与此同时，行业组织为了保证法律政策的专业性，在法律制定的过程中也会全程参与。

为了保障学徒培训的规范性以及实现对学徒培训的监督，国家通过立法强制企业与学徒签订学徒合同。学徒合同签订的优势在于企业和学徒的权利都能得到法律的保障，尤其保护了作为弱势群体的学徒的切身利益，同时增加了培训的严肃性，提高了学徒培训的通过率。签订学徒合同后，职业院校还需将学徒合同报备到政府部门进行存档，政府通过对学徒合同的信息分析，获取学徒市场的运行情况，从而有利于对现代学徒制的运行进行后期分析与调查。

3. 充分的经费保障

瑞士现代学徒制的实施涉及的利益主体多，学徒培养过程中多地点办学、多类型教师合作参与，投入成本高，瑞士通过“三方”（学校、企业、学生）共担运行经费的方式，有效保障了现代学徒制的顺利进行以及达成“多方共赢”的局面。

瑞士现代学徒制教育经费主要由三部分组成。第一部分是政府部门提供的公共职业教育资金，《瑞士联邦职业教育法》规定现代学徒制投入资金的主要部门是州政府，75% 的职业教育经费由州政府投入，剩下的 25% 由联邦政府承担。企业对学徒的培训费用以及支付给学徒的劳动报酬则由企业完全支付，企业支付给学徒的平均工资一般是正式职工工资的 20%。第二部分就是行业协会为职业院校提供的物质资助或者继续培训的讲座经费。学徒在职业学校或职业培训中心的学习都是免费的，这部分教育经费主要由政府部门和行业协会来承担。第三部分是某些特定行业中的企业所要承担的职业教育基金。这一部分基金主要进入行业成立的教育基金会，无论加入行业组织与否，无论参与现代学徒制培训与否，所有该行业的企业都要为行业参与职业教育的经费支出做出贡献，参与现代学徒制培训的企业会得到一定的经济补偿与资助。瑞士现代学徒制的经费投入体系具有多方投入、灵活多样、经费充足和明确的法制保障等特点，这些特点极其有利于瑞士现代学徒制的推行。

4. 完善的职前辅导教育

完善的职业指导和咨询体系是瑞士现代学徒制成功的主要因素之一。其职业教育与咨询从小学六年级开始到义务教育结束。在六年级时，教师就开始向学生介绍大致的宏观环境以及让学生了解所在环境的基本经济状况，先让学生们具备一定的经济概念；七年级时，教师会让学生去了解他们父母的职业以及他们的父母是如何进行职业选择的，并让他们进行讨论，使他们具备一定的职业概念；八年级时，学校会组织学生到企业一线去参观，为他们提供一系列接触社会、接触工作岗位的机会；九年级时，学校会组织职前辅导，例如教学生如何申请学徒岗位，传授学生与现代学徒制有关或者就业有关的知识。同时，对学生进行职业知识的测试，并提供到企业一线进行实习的机会。在瑞士，七到九年级的职业咨询与指导是由学校、行业协会、企业、地方职业指导中心联合提供的。到企业一线参观实习，基本是在参与现代学徒制的企业中进行的。学生除了可以通过学校、行业协会和地方指导中心获取一定的职业咨询和指导以外，还可以登录州政府建立的职业网站获取信息和指导。

（二）瑞士“三元制”现代学徒制对中国现代学徒制的启示

2015 年，我国教育部办公厅公布了首批现代学徒制的试点单位，中国特色的现代学徒制不仅能提高职业院校的教育质量，而且更能提高我国产业的核心竞争力。发展现代学徒制是我国职业教育的必选之路，而已经成熟的瑞士现代学徒制正好为我国职业教育的发展给予了诸多启发。

1. 发挥中央政府主导作用，加强“三方”协作力度

我国的“三方”参与主体与瑞士具有相似性，由中央政府，地方政

府与行业协会构成。在我国现代学徒制推行的过程中，存在的主要问题有政府干预过多；企业行业参与度低，主要依靠职业院校来实施；三方协作不够紧密。在我国，需要充分发挥中央政府的主导作用来加强三方协作，为我国推行现代学徒制提供良好的外部环境，尤其是要形成共同协商的组织形式。建议由中央政府牵头，地方政府、行业协会以及学术领域精英积极参与，成立职业教育学会，或是召开专业培训会议，共同协商现代学徒制的相关政策。同时，政府应加强九年义务教育期间的职业化知识渗透，即在此期间使学生对经济运行有所了解，对行业企业有一定认识，对未来身职业的选择形成一定认知。教育部门要加强职业教育与行业的合作，拓宽职业院校学生的发展道路，使职业院校的毕业生成为各行业挑选人才时的首选。

2. 完善我国职业教育法律法规，保障现代学徒制经费落实

基于瑞士现代学徒制的经验，我国需要加强对职业教育法律法规的完善，增强法律实施力度。此外，由于我国地区发展不平衡差异大，所以各地区应加强地方职业教育法规的建设，以此来保障各地区的职业教育得以同步发展。同时应通过立法使政府增加教育支出在GDP中的占比，逐渐提升现代学徒制教育经费额度，为企业提供培养学徒的经费，激发企业参与现代学徒制的积极性。

3. 完善职业指导和咨询体系，提高企业和行业协会的参与度

职业指导与咨询是整个职业教育体系的“生命线”，应遵循循序渐进的原则，让学徒对职业选择从初步的了解到逐步加深，以及能及时获取就职后的继续教育机会。我国需要设立专门的机构或制定政策，保证职业教育培训紧跟市场需求变化。与此同时，政府与行业协会需要积极地参与院校的课程设置，让院校教学紧紧跟上生产技术的变化。基于此，我国的职业教育需要在学习瑞士现代学徒制优势的基础上，做到职前要有职前准备教育，实施现代学徒制以及职后要继续进行职业指导和咨询工作。目前，我国的一些大型城市已经设立一些专业的职业指导和相关的咨询服务机构，开设专业的职业指导和咨询课程，使学生通过指导和咨询选择自己感兴趣的职业教育，学习积极性也得到提高。同时应该加大企业以及行业协会在我国职业教育中的参与程度，职业院校应将更多的权利和权力让渡给企业与行业协会，从而使职业院校的专业设置能紧

随市场需求，为社会及时提供急需的人力资源。

总而言之，我国现在推行的现代学徒制，应该从职业教育伊始就进行职业指导咨询，并将其贯穿整个职业教育体系，最终延伸到终身教育，让现代学徒制畅通至职业教育的各层次、各升级渠道。

五、西方现代学徒制理论

本书中的西方现代学徒制理论主要是指缄默知识理论。缄默知识理论是由英国哲学家波兰尼于 1958 年在《个体知识》一书中首次提出，他认为知识分为显性知识和缄默知识两种。显性知识是指可以用语言、符号、文字、公式等表达出来的知识。缄默知识是指以整体经验为基础，只可意会，不可言传的知识。

（一）缄默知识的特点

缄默知识具有其自身的特点，一是默会性，即不能通过语言、文字、符号等方式进行具体的说明，默会性是缄默知识最本质的特征；二是个体性，缄默知识存在于个体的头脑中，每个人体会到的感觉、认识都不太一样，不具有显性知识的公共性特征；三是非理性，即人们通过身体的感官或理性的直觉被个人默会、掌握，不具有显性知识的理性过程；四是情境性，即缄默知识往往要在一定的情境中获取，在类似的情境中再现与发挥，缄默知识是行动性的知识，是人类必备的一种知识，是获得显性知识的先导。

（二）缄默知识对高职现代学徒制开展的启示

对高等职业教育而言，高等职业教育不同于系统化的普通高等教育。职业教育突出对学生岗位能力的培养，学生能力的形成需要有一定的专业基础知识。不过不是具备了知识就一定能形成能力，例如一个汽车维修工人，通过汽车的声音就能判断汽车发动机是否出了问题，“汽车声音”的体悟不是靠课堂教师的讲授学习的，而是在汽车维修实践中摸索、体悟到的。虽然职业院校中有实训室，但如果缺乏企业操作的真实体验，职业意识、职业经验、职业素养等缄默知识就无法获得。

通过开展现代学徒制，学校可以将课堂教育和企业培养相结合，构建理论与实践相结合的教育模式，彰显学校教育和传统现代学徒制的优势。一方面是让学生在学校里学习显性知识；另一方面是在企业学徒期间，使学生通过真实的岗位情境操作，真真切切地受到师傅的职业技能、职业行为、职业思想（意识）、职业道德的影响，在看、学、悟中掌握学校课堂上无法学到的缄默知识，帮助学生建构完整的个人知识体系——显性知识+缄默知识。由此可见，现代学徒制解决了多年来职业教育发展中理论与实践脱节、知识与能力分裂、教学场所与实际工作情境分离的问题。

第二章　制定现代学徒制制度为人才培养保障体系铺设“航道”

第一节　制定学徒框架标准

一、静态目标下的学徒框架标准

（一）现代学徒制的人才培养目标

1. 培养优良精神

在优良精神的论述过程中，笔者以专业精神为核心，向外依次渗透职业素养以及工匠精神，让学生在现代学徒制中更为高效地学习与运用知识，促进他们实践和理论能力的双重提升，为社会提供多样性的人才，即技术型人才、知识型人才以及创新型人才。

（1）专业精神。专业精神主要包含两方面的要素，分别是基地要素和精神要素，其中的基地要素是由基于理论知识基础之上的专业思维体系以及基于思维体系之上的专业技能构成。精神要素是指，基于前两者之上的，对于职业追求的执着、热爱精神。具体来说，专业精神主要包含三方面的内容：首先，学生需要具备专业意识，比如专业性的操作规范、思维方式以及表达方式等。其次，学生应该具有终身学习意识，即孜孜不倦地研究本专业的前瞻性信息以及方式，构建其与现有知识以及技能之间的联结，实现综合技能的提升。最后，学生需要具有较强的综合性思维，比如迁移思维、整合思维等，为创造性解决工作问题提供思维基础。以上内容是开展现代学徒制人才培养的核心目标。

（2）职业素养。职业素养具有较强的普适性，即主要包括以下方面内容：

首先，具备较强的职场沟通能力。学生在现代学徒制的学习中需要掌握基本的职场沟通规则，并遵循“迅速”“精确”“简易”的原则，比如在完成师傅或是教师安排的工作后，学生需要运用闭环式的沟通思维，及时向师傅或是老师汇报工作进展，做到“事事有回应，事事有结果”；在与同学或是同事的沟通过程中，学生要以站在对方的角度思维问题为前提，真诚地沟通，从而实现工作的有效开展，达成完美的工作效果。

其次，具备弹性的职业规划能力。学生一方面需要在学习过程中，对个人在专业能力方面的优势和劣势有全面性的了解，能够准确地进行自我定位；另一方面在现代学徒制的学习过程中逐渐形成一定的客观分析外部环境的能力，继而制定相应的职业规划。与此同时，在职业规划落实的过程中，学生需要对外部情况以及个人执行状况进行分析和反省，不断修正原有规划，在现代学徒制的学习过程中，获得实现规划的满足感。

最后，具备良好健康的职业态度。在现代学徒制的开展中，学生形成的健康的职业态度主要包含两方面内容：其一，个人对工作的态度。学生以对工作感兴趣为前提，在不断挑战自我的过程中，获得综合技能的提升以及职业自信的构建。其二，个人对集体的影响。在工作过程中，学生除了需要处理个人与工作的关系外，还需要处理个人与集体之间的关系，积极向在学徒过程中的师傅、同事传递正向的工作能量。总之，在现代学徒制落实的过程中，院校需要让学生在工作中获得快乐并传递这种快乐，促进他们正向职业态度的形成。

（3）工匠精神。在现代学徒制人才培养的过程中，教师一方面需要深入解读工匠精神，另一方面应该将工匠精神融入人才培养的目标中，促进学生工匠精神的养成。在具体的工匠精神培养目标上，教师可以注重从以下四点入手。首先，敬业严谨。教师需要让学生懂得敬业的内涵，一方面是对前人在该行业投入的一种尊重，另一方面是对个人时间和生命的负责，使他们在工作中可以认真投入。其次，专注专业。在校企合作场景的学习过程中，企业师傅以及学校教师需要让学生学会用心，使他们真正“钻”进去，理解、运用知识，促进专业技能的增强。再次，精益求精。院校在培养学生整体性工作思维的同时，还要培养他们的局部思维，尤其是在工作中的关键环节，让学生对此环节进行深入思考，精细打磨其中的工作细节，促进他们精益求精意识的形成。最后，推陈出新。院校在现代学徒制人才的培养中，需要辩证地看待以往的教学方法和思维，并让学生在继承原有学习、实践优势的基础上，结合实际工作、学习的问题，进行创造性地解决，使他们推陈出新，并从中获得综合实践能力的提升，促进他们整合思维和创造思维的形成。

2. 提高职业素质

（1）职业道德。职业道德是学生的一种隐性工作能力。在实际的人才培养过程中，教师需要在现代学徒制的框架中渗透职业道德，让学生形成崇高的职业思想境界。具体而言，笔者注重从图 2-1 所示的三个方面介绍职业道德，并进行详细论述。

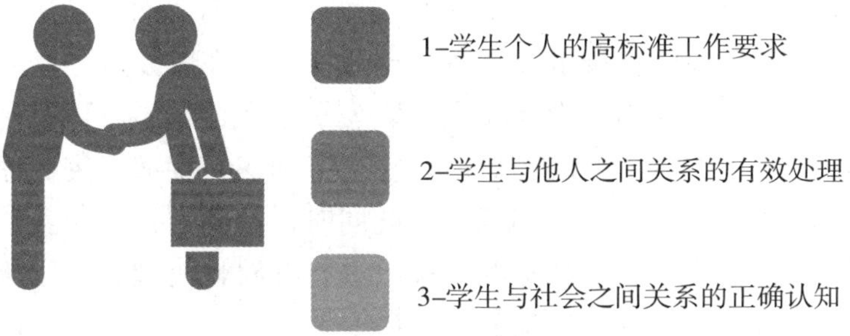

图 2-1　职业道德

首先，学生个人的高标准工作要求。学生要由衷地热爱所从事的工作，并树立“良心意识”，在工作的过程中形成个人独有的、高于行业标准的工作标准，在提供高质量服务的同时，获得工作的满足感。

其次，学生与他人之间关系的有效处理。在有效关系的处理上，学生一方面要树立诚信意识，在现代学徒制背景下的学习中积极履行他人的承诺；另一方面应做到做事公道、光明磊落，即站在学校、企业、客户以及个人的角度客观地思考问题，为全面思考实习以及学习中的问题寻找最佳的解决方案。

最后，学生与社会之间关系的正确认知。在参与实际的现代学徒制的过程中，学生需要真正从社会的角度思考问题，将个人的工作上升到社会和国家发展的层面上，提高个人的工作要求，发挥工作中甘于奉献的精神，成为行业标杆，带动更多人投入到工作中，成为推动社会发展有力的助推器。总之，在职业道德方面，院校需要让学生认知个人与工作、个人工作与他人、个人工作与社会之间的关系，促进学生正确职业道德意识的形成。

（2）职业技能。职业技能包括主观技能和客观技能两部分。主观技能又分为学生的专业知识以及思维方式、自我管理能力。客观技能即学生运用理论知识解决实际问题的实践能力。在人才培养的过程中，教师需要平衡好培养学生主观技能和客观技能的关系，既要让他们形成个人独有的职业化知识体系和思维方式，又需让他们具备将个人知识和思维落实到工作上的实践能力，真正将学生打造成复合型的新时代技能型人才。

（3）双创能力。双创能力是由创新思维和创业能力两部分构成。创新思维是对原有知识、思维、工作的一种打破。创业能力是指学生在基于一定知识、经验的基础上而具备的创业能力。在院校人才培养的过程中，教师需着重培养学生上述能力，即为学生在学校学习以及企业实习提供自由实践、交流的空间，让他们在学习和实习中敢于突破原有的思维方式，创造性地解决各种问题。与此同时，教师可针对学生的创造性工作思维，在结合本行业特点的基础上进行针对性延展，让学生的思维更为接近本行业的特性，为他们后续的专业化工作提供强有力的知识和思维支撑。除了进行创新思维的培养外，教师需重视培养学生的创业能力，借助学校、社会、企业、政府资源构建众创空间，为学生的创业提供平台，让他们在接受企业师傅以及学校教师的指导下，全面加深对本行业的了解，从个体角度寻找行业中的“蓝海区域”，进行针对性的创业，不断经历市场的考验，掌握基本的创业思维和技能。这也要求院校和企业在进行现代学徒制人才培养的过程中，既要夯实学生的基础，又需锻造他们的双创品质，这样才能不断向社会提供创新型人才。

（二）现代学徒制人才培养的内容

在现代学徒制人才培养内容的构建中，笔者着重从现有内容的构建以及前瞻性内容的设置两个角度入手。在现有内容的构建中，院校以及企业既需考虑现阶段的企业发展、生产需要、产业需求等客观条件，又要分析学校的教学基础、师资条件以及教学过程的因素，设置具有实效性的现代学徒制人才培养内容。在前瞻性内容的设置上，院校与企业可以积极地吸纳与本产业相关的各种新工艺、新技术，并通过共同构建实训基地、技能大师工作室的方式，一方面将这些新技术、新工艺理论化，形成相应的现代学徒制授课内容；另一方面引入与这些技术和工艺相关的设备，让学生在基地实习中掌握这些技艺。此外，院校可以结合本校实际状况，适时地引入“1 + X”证书制度，丰富现有的专业知识内容，提高学生的实践技能。总之，关于现代学徒制人才培养内容的设定，院校和企业可以从现阶段和未来发展趋势两个角度切入。

（三）现代学徒制人才培养方式

1. 现阶段我国主要的现代学徒制类型

从现阶段而言，我国存在四种类型的现代学徒制，分别是以企业为主体的现代学徒制模式、以行业为主体的现代学徒制模式、以政府牵头的现代学徒制模式以及以职业院校为主体的现代学徒制模式。在这四种模式中，以职业院校为主体的现代学徒制模式的运用更加广泛。

2. 本书中的现代学徒制

在本书的现代学徒制人才培养的论述中，笔者深入学习《国务院关于加快发展现代化职业教育的决定》，并在深度分析德国“双元制”模式、英国“三明治”人才培养模式、美国现代学徒制模式、瑞士“三元制”现代学徒制等经验的基础上，将探索中国特色现代学徒制与《中共中央关于制定国民经济和社会发展第十四个五年规划和二〇三五年远景目标的建议》进行融合，构建“双主体”式中国特色现代学徒制模式，探索出一种深层次的职业教育工学结合新形式，旨在抢占并巩固全球人才竞争的制高点，为全面推进社会主义现代化国家建设提供可借鉴的人才培养机制建言献策。就本书而言，笔者着重从以下四个角度简要介绍校企“双主体”协同育人的现代学徒制。

（1）构建现代学徒培养共同体。在构建现代学徒培养共同体中，院校与企业共同探索和合共生的“双主体”育人机制，兼顾职业培训与学历教育，搭建“双主体”协同育人培养平台。在实际的执行中，院校与企业主要从以下三点切入。

①成立现代学徒制项目小组。为了实现责任共担、合作共赢的目标，院校可以与企业携手成立现代学徒制项目领导小组，更好地整合学校、企业双方的教学资源。

②明确校企的各自责任。在共同体的构建中，学校有两方面责任：一方面负责深入了解企业的生产需求，将企业中各个工作的岗位内容以

及方式转化成相应的课程体系，让学生在学校进行“预演”；另一方面负责基本的学生管理，比如毕业证的发放、学籍管理以及任职教师的教学成果统计。企业有三方面责任：第一，在了解学生的综合能力后，为学生量身定制职业生涯规划。第二，为现代学徒制的发展提供必要的硬件条件和软件条件。第三，为学生安排实习岗位、企业师傅，并综合分析学生的实习表现以及职业生涯规划的未来的职业岗位。

③明确校企共同的责任。校企双方的共同责任有以下四点。第一点，制定人才培养方案。校企双方既要参与、制定招生招工方案，又需进行人才方案的制定、执行以及反思。第二点，构建培训基地。校企双方需要共同搭建人才实训基地，充分发挥双方在教学资源以及工作经验方面的优势。第三点，制定现代学徒制课程。在现代学徒制课程开发的过程中，校企双方要做到企业生产过程与学校教学过程相对接；企业工作内容与学校课程内容相匹配；企业生产需要与学校人才目标相符合。除此之外，为了保障课程教学内容的充分落实，院校与企业需要制定相应的课程体系执行标准，比如课程标准、专业教学标准。第四点，院校与企业需要对现代学徒制进行共同管理、监督以及反思，解决问题，促进现代学徒制人才培养机制的优化。第五点，院校与企业需要构建双导师机制，需要学校教师与企业师傅进行深入沟通、交流，促进学校教师实践能力以及企业师傅理论能力的双重提升。

（2）创建新型的人才培养机制。校企可以构建“一体双元双师双融合”的人才培养机制。一体是指构建企业与学校协同育人的共同体；双元分别以企业和学校为元；双师，即学生在学校的老师、在企业的师傅；双融合，就是指将优良精神与职业素质进行融合，即：将专业精神、职业素养、工匠精神与职业道德、职业技能、双创能力进行有效融合。构建这种人才培养机制的目的是实现学校和企业优势的强强联合，将学校的教学资源与企业的资金、设备、技术进行优势互补，实现学校教学与企业生产有效对接，最终达到提高职业院校人才培养效率的目的。

（3）校企合作打造双导师团队。为了提高双导师团队的带徒能力，校企需加强兼职教师多元化的建设，引入企业技术骨干、企业管理骨干、相应专业专家等。在双导师构建的过程中，校企应落实三个措施。首先，在学校教师的选择方面，院校要提高学校教师的选择标准，既要保证任教教师具有扎实的理论知识基础，又需具有较强的实践教学能力。还要选择具有较强学习能力和课程开发能力的教师，为校园教学提供强有力的师资力量。其次，在企业教师的选择方面，企业以在职员工的责任感、担当意识、实践能力、技术水平为依据进行现代学徒制师傅的选择，并对徒弟进行“一对一”的培养，让学生获得更为专业的实践操作指导，促进学生专业操作水平的提高。最后，构建校企互聘制度。校企可以构建互聘制度，在学校分别建立企业大师工作室、教学名师工作室，促进企业与学校之间优秀教学者的有效互动，促进双导师团队综合素质的提升。

（四）现代学徒制人才培养评价

在现代学徒制人才培养评价的过程中，校企需要坚持内外配合，一方面进行校园内部评价，即从示范性、引领性以及合格性评价入手，提高学校教学诊改评价能力；另一方面开展企业外部评价，不仅要引入多元的评价主体，还要注重评价手段的科学化，注重运用现代化的科学技术，运用大数据、云计算，实现评价的科学化。与此同时，校企需要建立健全质量督导机制，既要结合个体，从学习者的就业质量、技术技能水平以及职业道德的角度进行评价；又需立足整体，从校企合作水平以及产教融合水平入手，构建兼具个性化与集体性的职业教育评价体系。

二、动态运行下的学徒框架标准

（一）分层管理与系统合作机制

1. 分层管理机制

在校企合作的现代学徒制构建中，校企可以引入分层管理机制，让学生找准个人在专业学习中的位置，强化其职业优势，提高学生的就业率，在一定程度上解决现代学徒制教学粗放的状态。在分层管理机制的具体实施上，校企双方可以以教学过程及目标、学生的知识水平和兴趣点以及职业规划为依据，设置不同的分层标准。在现代学徒制人才培养中落实因材施教原则，激发学生在产教融合中的学习潜能，充分发挥分层管理机制的优势。

2. 系统合作机制

在现代学徒制双师育人的背景下，校企双方可以构建系统化的合作机制，从以下三个角度入手，进行校企合作机制的构建，实现对学生的有效管理，促进现代学徒制人才培养质量保障体系的优化，促进高质量学徒的产生。

首先，制定校企共管双班主任制度，让学生受到学校班主任和企业班主任的双重监督和指导。对学校班主任而言，他们负责与学生沟通，了解学生在企业实习中的问题，比如心理问题、实习问题，并进行针对性的解决。与此同时，教师根据学生反映的实习问题与企业班主任进行沟通，协作制定相应的策略，保证学生实习进度的同时，促进学生职业素养的形成。对企业班主任而言，他们需要了解所带学生理论知识的掌握状况，并结合具体的工作内容进行针对性指导，辅助学生实现理论与实践的完美融合，促进他们综合职业能力的提升。

其次，构建执行带训师管理制度。执行带训师来自企业，具有较强的技术水平，属于学校外聘教师。执行带训师需要经过学校的审核后，向学校中参与现代学徒制的学生讲解企业内部的技术性资料，让他们对未来从事岗位的工作内容，尤其是岗位技能有一个整体认知。与此同时，为了检验执行带训师的培训状况与学生的实际学习能力，学校聘请专业的考聘人员对学生进行上岗前与上岗后考评。除此之外，执行带训教师负责记录学生的学校表现以及思想状况，并将这些内容以电子文件的方式发送给企业负责人以及院校教师，让学校教师以及企业教师了解每一位学生的上岗实训知识的学习状况，并制定对应的实训措施，从而提高后续现代学徒制人才培养的精准性。

最后，全面贯彻并落实督查管理工作。为了全面贯彻并落实督查管理工作，了解现代学徒制的教学状况，学校可以从学生、企业以及企业师傅三个方面入手。在学生方面，为了保证学校学习课程内容与实际企业工作内容的一致性，院校通过与学生沟通，了解他们在实习中遇到的问题以及运用课堂知识解决问题的情况。在此基础上，适时地对现有实际教学内容进行相应调整和优化，使得学校课堂内容更接近工作需要，提升课堂教学的实效性。在企业方面，院校可以与企业沟通，一方面了解企业实际的工作内容以及人才需求；另一方面了解本校学生的实际实习情况，寻找企业需求以及学生能力之间的最佳平衡点。既让学生掌握专业知识，又能满足企业的实际需要，实现校企合作双赢的局面。在企业师傅方面，院校通过与企业师傅沟通以及掌握学生的到岗实习状况，来了解每一位学生的学习水平，尤其是学生在实践方面存在的问题。校企双方结合师傅的回馈以及学生的实际操作状况制定针对性策略。在实现监督工作的同时，更好地进行学生工作管理，促进现代学徒制协作效率的提升。总而言之，通过从企业师傅、企业以及学生三个角度入手，院校可以用更为全面的方式解读本校实际的现代学徒制的教学状况，并结合学生的表现、企业以及师傅的评价，促进整体管理质量的提升。

（二）双主体化联动运营机制

1. 联动运营机制的目标

从整体而言，为了实现地方经济发展与技术应用型人才培养紧密结合的目标，院校与企业共同制定了具体的现代学徒制度。从局部来看，院校通过联动运营机制的运用实现产学融合，促进学校的理论课程以及实践课程的双重建设，推动院校基地建设，提升院校建设的专业化水平，促进院校优势专业、特色专业的产生。在企业方面，通过参与联动运营机制，企业可以培养与实际生产最为贴合的，集理论性与实践性于一体的高素质人才，在增添本企业发展血液的同时，为企业发展提供更为充足的后备军，促进企业生产效率和综合效益的提升。

2. 联动运营机制的原则

（1）优势互补，资源共享。学校是提供企业所需人才的加工厂。企业承担着向学校提供专业化的设备、技术人员、文化宣传以及工作流程的角色。双方融合，一方面可以在一定程度上满足企业的用工需求；另一方面有利于满足学校人才培养中所需的各种设备、环境、专业性师傅等要求，实现校企双方资源的有效共享。

（2）互惠互利，实现共赢。在进行互惠互利，实现共赢的论述中，笔者主要从企业和学校两个角度入手，即从推动两个主体发展的角度论述。在企业方面，企业可以运用在校学生理论扎实的特性，通过现代学徒制的管理模式，让学生在较短的时间内以理论知识为指导，学习专业性的操作知识，缩短从培训到实际工作实践的周期，节约企业的生产成本。与此同时，企业可以提高用工的学生人数，最大限度地解决现阶段用工荒的尴尬状况，促进企业的平稳发展。在学校方面，学校可以通过现代学徒制，一方面在了解企业实际生产状况的前提下借助企业的力量，比如构建企业师傅和学校教师相联合的工匠教研室，对原有的课程进行优化；另一方面充分借助企业的优秀管理人才以及技术人才，包括设备等，对现阶段的实训形式、实训场地以及实训设备进行优化，构建更具有立体性、实效性、职业性的实训体系，促进本校综合实训能力的提升，打造集理论与实践技术兼备的职业性人才。总而言之，通过运用现代学徒制人才培养模式，院校和企业可以相互取长补短、互惠互利，实现共赢。

3. 联动运营机制的内容

（1）联动进行人才培养。学校根据企业需求，再结合本校实际进行定向化的人才培养，向企业输送集理论性与技能性于一体的高素质复合型人才。企业向学校提供相应的实习基地，派遣一线的专业技术、管理人员进行针对性指导，促进专业性人才的打造，并通过测试的方式吸纳测试合格的学生。更为重要的是，为了进一步调动学生理论学习和实践操作的积极性，提高院校教师、企业师傅的工作热情，着重从物质奖励入手，比如设置“助学金”“奖学金”“奖教金”等，激发教师“教”和学生“学”的能动性，为社会和企业打造高素质复合型人才。

（2）联动开展专业科研。从现阶段来看，校企合作的科研模式主要有松散性科研合作模式和紧密性科研合作形式两种。松散性科研合作模式，即氛围委托开发合作形式、技术协作形式、技术引进形式三种类型。紧密性科研合作形式主要包括共建科研机构、共建经济实体、共享科技资源。在此，笔者着重对富有实效性的三种紧密型校企合作科研形式进行简单介绍。

①共建科研机构。共建科研机构是指，学校和企业合作建立一种科研机构的形式。此种形式通常是由企业出资、学校出人，共同组成共建性质的科研机构。此种共建科研机构的特点是：一是以市场需求为导向，

进行相应课题的攻克，实现更好的盈利。二是构建“人才+资金”的产学融合机制。院校负责投入本校专业性较强的教师和学生；企业负责投入相应的研发经费以及设置相应的规则，实现共建科研机构的专业化。三是共建管理和运行机制。为了构建联动化的管理和运行机制，院校可以与企业共同构建组织机构，即由学校人员和企业人员共同构建科研机构委员会，实现更加科学的管理。四是明晰化的利益分配。在科研机构的构建中，院校与企业需要提前设定相应的利益分配比例以及研究成果的归属权问题，最大限度地激发研究人员的积极性。这种科研合作模式要求校企双方具有较强的合作基础，即具有较强的优势实现强强联合。

②共建经济实体。共建经济实体是一种更加成熟的科研合作形式，以资本为纽带，还是产学研在科研方面由松散向紧密发展的显著模式。此种科研形式的特点是：其一，效益为主。因其具有较强的市场导向性，所以企业将科技融入产品中，以迎合市场需求，扩展产品销量，是一种以提高经济效益为主的模式。其二，入股形式。企业的入股形式为投入现金或固定资产；学校的入股形式为投入技术或技术人员（包括教师以及学生）。其三，管理模式。在管理模式的设定中，一方面要体现双方的权利和义务；另一方面需呈现明晰的产权，实现研发成果的共享、研发风险的共担。此种模式的特点是，学校以科研研发为主，而企业以市场开发为主。学校在科研机构进行专业性的科研，主要是关注最终的科研进展、状况以及最终科研结果的运用。

③共享科技资源。共享科技资源构建的前提条件是，企业在运行的过程中缺乏相应的科技资源，导致最终的生产效果不佳。对此，企业需要与科技水平较高的院校合作，弥补公司运行过程中科技水平不足的缺陷，即有效将科技转化成生产力，即转化为推动公司发展的动力。此种模式存在的特点有三：一是，具有较强的辅助性，即主要以产学研相结合的方式辅助科技创新力不足的企业，促进企业产品创新能力的提升。二是，对于院校而言，这种现代学徒制下的科研组织形式存在的风险相对较低。三是，科技转化率高。大部分院校研发的科学技术可以最大限度地转化为企业发展的生产力，即大学生以及教师的想法可以通过专业技术实现，并通过批量生产的方式，实现由科技向生产力的迅速转化，提高企业的盈利。共享科技资源这种科研形式有利于最大限度地解放院

校科研能力，提升企业的经济效益。

总而言之，在专业化的科研实践中，院校一方面需要结合现代学徒制的水平；另一方面需要深入分析企业发展与本校科研水平之间的关系，灵活选择相应的科研方式，最终达到提升本校科研水平，增强企业发展动力的目的。

（3）联动开展双师建设。教师是开展现代学徒制人才培养质量保障体系的核心力量之一，决定了人才的质量。校企需要重视师资队伍的建设，并注重实现双师联动建设，让企业师傅和学校教师可以相互促进，相互帮助，推动双师队伍的建设，提升整体教学能力，促进高素质人才的培养。在实际的双师联动的建设中，笔者着重从图 2-2 所示内容进行论述。

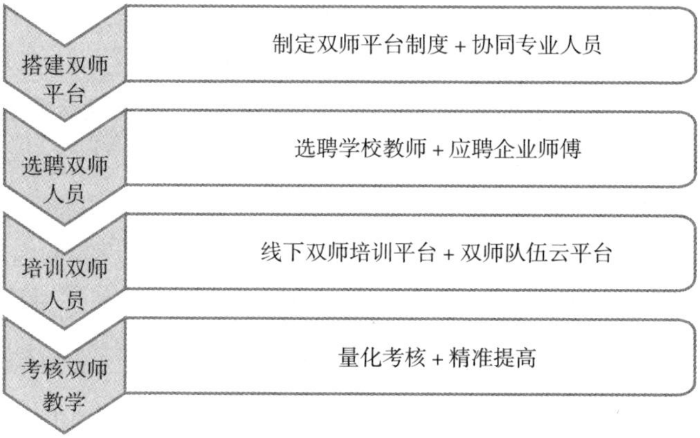

图 2-2　双师联动建设

①搭建双师平台。在搭建双师平台的过程中，校企双方可以从制度的制定以及专业人员的协同两方面入手。在双师平台制度的制定方面，校企双方可以从三方面入手。首先，设定双师队伍培养目标。校企双方可以从短期目标以及长期目标两个角度着力，并细化其中的途径、措施以及内容，保障双师队伍建设目标的实现。其次，制定校企现代学徒制中双师的权利和义务，保障双师在定岗过程中的综合实训能力得到最大程度的提升。最后，签订师资管理办法。校企可以结合实际，构建多种形式的师资管理办法，比如“企业师傅工作职责”“双导师共用的管理机制”“完善校企互聘共用管理机制”，为师资队伍的建设以及双师平台的构建提供保障。

在专业人员的协同方面，校企双方需要构建具有紧密联合的校企平台，促进校企双师联动构建过程中信息的无缝对接，第一时间发现并解决双师队伍构建中的各种问题。具体而言，校企之间可以从以下角度入手，即实现班主任与企业人力资源的对接、专业教师与企业师傅的对接、专业领导与企业管理人员的对接。通过这种无缝对接的方式，教师可以实现在双师队伍构建中各个环节的有效融合，实现学校教师与企业师傅之间的有效对接和帮扶，促进校企双师能力的共同提升。

②选聘双师人员。双师人员的选聘主要包括学校教师以及兼职双师的选聘，即企业师傅的选聘。在具体的选聘过程中，校企双方可以借鉴以下内容：在学校教师的选聘过程中，校企双方首先要考察专业教师的品德，其次考察教师的理论、实践以及双创授课能力，最后考察教师是否具有终身学习意识，即愿意在现代学徒制的开展过程中跳出个人教学的舒适圈，一次次打破个人传统的授课理念和方式，学习与企业生产实际以及未来发展趋势相应的授课内容。

在应聘企业师傅的过程中，校企双方可以借鉴以下两点建议：第一，具备较高的职业操守。校企双方可以选择具有较高职业操守的一线技术人员以及高级管理人员。值得注意的是，企业中的劳模以及工匠可以免试录取。第二，具有较强的专业能力以及沟通能力。任聘的企业师傅需要具有多年从事一线生产的经验，可以突破性地解决各种生产过程中的新问题。更为重要的是，一线企业师傅要具有简明、准确的教学语言表达能力，即深入浅出、简明扼要地阐述专业性问题和专业性知识，让学徒可以非常直观地理解相应的专业知识，增强专业实践知识传授的效率。

③培训双师人员。通过进行双师人员的培训，校企一方面构建具有专业性、实效性以及前瞻性的理论课程以及授课体系；另一方面搭建具有实操性的实训平台，加强学生专业理论知识的掌握和应用，促进学生综合实践能力的提升。达成这个目标离不开双师综合教学能力的提升。

为了达到这种效果，校企双方可以结合具体的现代学徒制开展的需要，设置双师培训平台和对应的平台制度，比如《教师流动工作站管理办法》和《技能大师工作室管理制度》，并构建针对性平台。校企双方可以在院校设立“技能大师工作室”，邀请技能大师、高级工程师、专业技术人员参与进来，一方面让他们参与学校课程的构建；另一方面让这些专业性的实操人员，开展讲座，促进本校教师综合实践能力的提升。与此同时，此工作室的大师可以“走进”课堂，掌握最为基本的课堂教学技巧，比如PPT的制作、师生沟通的技巧等，提升带徒能力。在企业设立“教师流动工作站”，让本校教师参与具体的工作实践，以实践为基点，不断更新原有的课程内容，比如在新技术、新方法、新手段方面，实现个人教学能力的提升；与此同时，教师可以与企业签署相应的协议，参与到企业技术的研发过程中。在解决企业发展“痛点”“难点”的过程中，真正了解更多企业发展的问题，进而为提升个人的专业授课能力和双创能力奠定基础，为现代学徒制理论授课的开展打下坚实的实践基础。

除了上述举措外，校企可以充分运用大数据、云计算等现代技术，构建双师队伍云平台，一方面建立微课程数据库，既可以是学校微课程，又可以为企业实训微课程。另一方面搭建双师交流平台，即让学校教师与企业师傅针对学生在企业中实习的问题，以及学生在学校中理论学习的问题进行针对性的交流，发现“真”问题；在了解企业人才需求、认识学校综合教学水平的前提下，制定相应的实习策略、教学课程，解决“真”问题。在提高双师默契度的同时，促进双师教学能力的协同提升，培养优质的双师队伍。

④考核双师教学。通过考核双师教学，校企一方面可以让学校教师以及企业师傅从主观上重视教育教学；另一方面让他们从客观上以考核的结果为思考着力点，进行针对性的反思。在调整个人授课、带徒方式的过程中，促进专业授课能力的提升。在具体的考核内容的制定中，校企需要对考核标准进行细化，即注重从量化的角度进行考核，真正做到让每一位任课教师、企业师傅“心服口服”，增强考核的公信力，激发双师的教学潜能。以在校教师为例，校企可以以教师在带徒中的工作量、工作效果，比如以任课教师所带学生在技能大赛上的获奖数量、任课教师在参与企业科研中的突出性成就为依据，对任课教师的综合教学能力进行评价，并针对教师的教学问题提出针对性策略，让任课教师在实践教学中灵活运用提出的针对性策略。这样既解决了教师个人的授课问题，又增强了其专业教学能力。

（4）联动实现信息交流。校企需要重视联动信息的交流，一方面可以实现现代学徒制落实信息的无缝衔接；另一方面能够真正通过汇集信息的方式，组织学校教师、企业师傅以及校外专家三方，针对汇集的信息进行针对性的讨论。实现在发现问题、解决问题的过程中，达成促进人才质量提升的目的。具体来讲，校企可以从线上信息交流、线下信息交流两个方面入手。

①线上信息交流。在线上信息交流方面，校企可以搭建线上“云梯”，开展双师沟通的“直播间”和“直通车”。一方面让学校教师化身成“主播”，直接反馈企业师傅在带徒过程中的问题，让企业师傅掌握更多的带徒技巧；另一方面让企业师傅进行“直播”，让他们直接反馈任课教师在企业挂职锻炼或是实训理论课程中出现的问题。通过这种线上“云梯”的方式，打破传统交流中的时空界限，促进双师信息的有效沟通，促进现代学徒制人才培养保障体系的全面优化。

②线下信息交流。在线下信息交流方面，校企可以最大限度地搜集在现代学徒制开展过程中的问题，并邀请行业专家或是企业骨干，比如邀请参与现代学徒制的学校教师及企业师傅，还可以邀请本专业的专家以及企业家等，针对现代学徒制人才保障体系存在的突出问题进行针对性讨论。更为重要的是，在问题的设置上应注重从具象化的问题入手，如分析学校现代学徒制、双导师学徒制等学徒制的不同，提取其中的优秀教学经验和方法；又比如进行现代学徒制课程建设、学生考评机制的探讨；还可以进行企业人才资源、生产实践以及技能培训方面的探讨，立足实实在在的现代学徒制的问题，进行相应的探讨，真正解决“真”问题，促进现代学徒制人才培养质量保障体系的发展。

（三）利益均衡的合作保障机制

1. 构建文化对接机制，促进校企双方有序合作

在构建现代学徒制的过程中，校企双方需要探寻双方共同利益的最大公约数，为持续性的校企合作奠定前提。在实现利益化的前提中，最为基础的是校企双方在文化价值观方面的认同。为此，笔者认为有必要实现校企双方在现代学徒制人才培养质量保障体系构建中的文化价值认同，并着重从图 2-3 所示的三个方面进行论述。

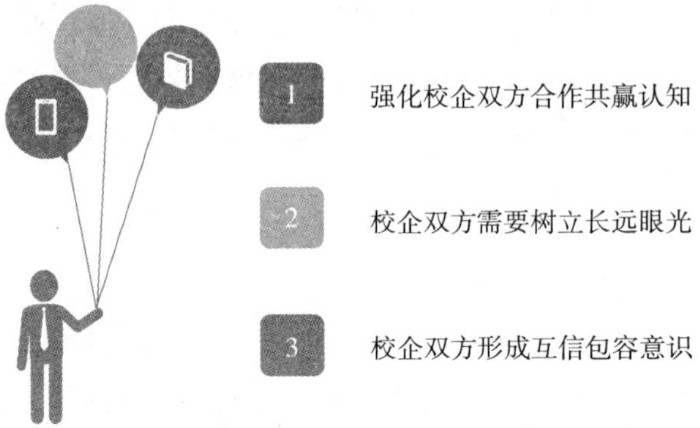

图 2-3　构建文化对接机制

（1）强化校企双方合作共赢认知。从职业院校的层面分析，职业院校需要从企业发展的立场思考问题，即在满足企业对人才需求的基础上，科学设置满足企业人才需要的人才培养方案，提升学校人才培养和企业需求之间的契合度，让企业培养出专业性的人才。从企业的层面分析，企业需要在考虑自身利益的前提下，认识职业院校人才培养对自身发展的价值，并在此基础上，从提升职业院校人才培养能力的角度入手，向院校提供专业的设备，输送具有高技术水平的企业师傅，在提升职业院校综合教学水平的同时，培养具有专业技能能力强、理论扎实的人才。

（2）校企双方需要树立长远目标。在现代学徒制人才培养质量保障体系的构成中，校企双方应树立长远目标，在保障现有基础性利益的前提下，从多个角度思考，比如文化价值、社会价值等，构建具有标杆性的校企“共管”“共育”的现代学徒制人才保障体系。在丰富现阶段现代学徒制文化的基础上，树立校企社会形象，促进适应新时代的技术型、知识型以及创新型人才的培养。

（3）校企双方形成互信包容意识。校企在现代学徒制人才培养质量保障体系的构建过程中难免出现各种矛盾，为了促进体系构建的顺畅性和实效性，需要树立互信包容意识，既要合理把控校企双方的利益平衡点，又要实现校企双方利益的最大化，并针对关键性问题，加强校企双方的有效沟通，打造具有利益共享、文化共生的现代学徒制人才培养质量保障体系。

2. 构建目标共享机制，实现校企双方价值认同

校企双方通过构建目标共享机制，既可以打破制约现代学徒制合作

的“藩篱”，又能够促进校企双方在价值观方面的认同，明确校企双方合作的最大价值诉求以及核心目标。本书中实现目标共享机制构建，实现校企双方价值认同的关键主要基于两点，即学校认同企业的逐利性；企业认同学校的育人性。

（1）学校认同企业的逐利性。职业院校的使命是培养知识型、技术型和创新型的职业人才，真正将应用型人才的培养看成是教学的最终目的，但也要认可企业的逐利性，在正确平衡好企业逐利性以及学校育人性目标的基础上，构建双方均认可的现代学徒制人才培养目标。笔者在此主要叙述学校认同企业逐利性，为共享目标的构建奠定认知基础。目前学校也存在一定程度的逐利性，造成这种现象的原因在于：学校与学校之间面临多种形式的竞争，比如生源竞争等。基于此，为了提升本校的综合教学优势，学校需要通过多种方式，比如打造本校“龙头”专业、引进业内有影响的专业带头人、建设高端实验室等。这些方式可以在一定程度上凸显出学校的逐利性，同时也是学校认可企业逐利性的认知前提。

（2）企业认同学校的育人性。企业认同学校育人性的出发点是，企业需要从学校中获得高质量的人才，而人才的培养需要学校具有较强的育人特性。这就要求企业在实际的现代学徒制开展中平衡好学校育人性与自身逐利性之间的关系。企业在实现基本利益的前提下，要最大限度地为学校育人性本质的实现创造各种条件，旨在实现共同目标、共享机制的构建，促进校企双方的价值认同。

3. 构建政策补偿机制，推动校企双方利益均衡

在现代学徒制开展的过程中，部分企业往往存在如何平衡带徒与提升利润之间的矛盾，一方面，师傅在带徒的过程中会影响自身的影响工作进度；另一方面，企业要承担学生在工作中的试错成本。就此而言，校企之间存在利益不均的状况。为此，政府为了推动现代学徒制在校企合作中的有效进展，既要设定相应补偿企业发展的法律法规，又需制定相应的政策补偿机制，弥补企业在现代学徒制人才培养中的损失，促进校企双方利益的均衡。对此，笔者提出以下两点建议：

（1）进行直接利益补偿。在实行校企合作的过程中，政府一方面可以进行校企项目在土地、贷款方面的支持；另一方面可以实现资金方面的支持，即以提供专项资金知识或是减免税费的形式，降低企业在参与

现代学徒制方面的经济成本，提高他们在育人方面的积极性。

（2）开展间接利益补偿。政府以间接性利益补偿为主要形式，可以形成示范效应，让更多的企业在获取政府间接性补偿的过程中正确认识企业推动现代学徒制开展的作用。通过企业真诚的付出，让学徒在企业中得到历练，使他们真正成为企业发展的栋梁之材。在具体的间接性利益补偿中，笔者提出以下看法：政府可以以职业院校接收的现代学徒制数量以及教师数量为基准，对取得突出性的现代学徒制人才培养有贡献的企业，进行公开表彰，并颁发具有政府性质的荣誉称号。在为校企双方树立良好形象的同时，让获得荣誉的企业得到实实在在的资金支持，形成良好的社会性辐射效应，促进更多的企业投入现代学徒制人才的培养之中。

4. 构建权利疏导机制，增强企业的实际话语权

在现代学徒制人才培养质量保障体系构建的过程中，院校需要转变原有的校企在主导权利方面的理念，构建“校企双主体”的育人机制，合理进行权利疏导，切实增强企业在现代学徒制开展过程中的话语权，提高企业参与的积极性。具体来说，院校可以尝试从以下几方面增强企业的话语权。第一，现代学徒制方案的制定。在制定现代学徒制方案的过程中，校企需要寻找双方利益的平衡点，设定相应的人才培养方案；在发挥企业逐利性的同时，增强企业的育人特性。第二，在实训规划方面，院校需要充分遵循企业的意愿，在平等协商的基础上，构建符合企业生产以及学校育人目标的人才实训规划，增强企业在现代学徒制落实中的话语权，实现现代职业技术人才培养效益的最大化。

（四）基于终身学习思想的机制

1. 阶梯化的内容机制

（1）设置不同级别技能提升的要求。在终身学习的过程中，院校学生需要树立阶梯化的学习目标，即遵循“一步一个脚印”的策略，实现技术水平，由初级工程师、中级工程师向高级工程师迈进。与此同时，院校教师以及企业师傅需要对学生进行针对性的指导，让他们更为科学地学习相应的技术，比如在理论学习上运用思维导图，在实践学习中使用工作日志，让学生在自学的过程中真正学会积累和运用专业知识，促

进他们专业技能的增强，促进他们朝着掌握更高技能的方向迈进。

（2）构建双元化的职业评价体系。在双元化职业评价体系的构建中，笔者着重从评价主体以及评价内容两个角度入手。在评价主体方面，院校可以引入主体式的评价方式，其中的主体包括学校方面的主体，即学校导师、学校辅导员、驻场导师；企业方面的主体，即指导师傅、企业师傅、企业辅导员；学徒班，即以学生为评价主体。在评价内容方面，指导教师主要是对学生在工作岗位上的表现和能力进行评价，包括职业修养、敬业精神、技术水平等。企业师傅主要的评价内容是学生在专业性知识学习以及培训方面的评价。企业辅导员主要负责进行综合性评价，包括学生在专业知识的学习能力以及工作表现，比如分析和解决问题的能力。学校辅导员的评价内容是学生的综合操行以及在学校学习中的表现，比如是否具备团队精神和组织纪律意识。学校导师的评价内容主要是学生在学校技能训练中的表现以及他们的理论知识学习情况。驻场导师的评价内容主要是学生在企业中的综合表现和能力，比如表达能力、协调能力等。学生评价主要包括学生个人自评、学生之间的互评，评价的内容是校内教师的教学、校外师傅的教学、现代学徒制课程体系的建设等。通过进行双元化的立体式职业评价，校企双方教师可以最大限度地辅助学生自学，一方面指正他们的问题；另一方面为学生提供针对性的策略，促使学生可以更加科学地学习专业技能，促进学生探索意识和独立学习和运用专业能力的提升。

2. 职普互通发展机制

院校在开展现代学徒制的过程中可以进行普通高等教育和职业教育的融合，搭建相互综合的“立交桥”，实现职业证书与学历证书的有效互通，并构建相应的学习组织，让学生通过多种方式，学习相应的职业化知识。更为重要的是，院校可以联合专业的测评机构，测评学生的专业能力，并与政府协作，构建广义上的“同等学力”公认机制，实现学历证书与职业等级证书的有效衔接，构建具有生命周期的学习型社会的“四梁八柱”，形成人才培养形式的多元化，满足企业和社会的发展需要。

第二节　建立激励晋升制度

一、构建企业师傅奖励晋升机制

在落实现代学徒制的过程中，校企双方需要综合考量各方面因素，比如企业的工作需要、师傅的工作业绩、师傅的参与积极性以及学生的学习成果等，从而构建相对科学的奖励、晋升机制。在充分尊重师傅主观愿望的前提下，给予其对应性的物质奖励和精神激励，最大限度地激发企业师傅的带徒积极性。具体来说，笔者从以下几方面分析构建企业师傅的奖励晋升机制。

（一）以职业发展为激励政策的出发点，保障师傅的职业安全，提升师傅的职业能力

企业师傅具有较高的职业技能水平，他们是企业发展过程中的脊梁。与此同时，企业师傅自身具有较强的隐性知识，即在工作过程中总结在书本中并未出现的具有经验意义的知识，这也是企业师傅成为公司骨干的核心原因之一。在市场经济的环境下，校企需要构建科学的，并且能保障师傅职业发展安全的激励政策，一方面促进企业师傅带徒的积极性；另一方面让他们获得物质奖励，满足个人的实际生活需要。具体来说，笔者着重从以下两点进行分析：

1. 以师傅的带徒成果为依据，开展针对性的考核

在带徒前，为了提高师傅带徒的积极性，校企可以为企业师傅提供相应的奖励，注意要尽可能地达到企业师傅的内心期望值，激发企业师傅带徒的积极性。在实际的带徒过程中，校企需要以最终的带徒结果为依据，构建结果与绩效相结合的机制，最大限度地激发企业师傅带徒的积极性。考核师傅的带徒效果，一方面考察学徒的实际技能掌握情况；另一方面考察学徒在企业实习中的理论知识的掌握水平。

为了检验学生的实习效果，校企双方可以协商，构建相应的理论、实践试题，将实际的考核结果量化，增强学徒学习成果考核的公平性，最大限度地提升校企评价的公信力。值得注意的是，在实际的带徒过程中，校企需要为企业师傅设定职业安全机制，一方面可以让师傅分享学

生在工作中的提成；另一方面需要平衡好师傅与徒弟的任务数量和类型，既让师傅获益，又避免师徒在工作中的过分竞争，最大限度地保障师傅的职业安全。

2. 以完善的培训机制为动力，提升师傅的专业能力

企业师傅在给学徒讲授专业知识、技能的同时，要不断进行自我“充电”，避免一部分企业师傅内心存在被不断成长起来的徒弟所取代的恐慌。在具体的实践过程中，校企可以构建专业化的培训机制，并提高师傅的培训门槛，一方面为了促进其带徒工作的开展，进行教育类知识的培训；另一方面为了提升师傅的专业技能，进行新技术、新观念的培训，让师傅在培训的过程中获得专业技能的提升。在保障师傅职业安全的同时，激发师傅带徒的积极性，形成现代学徒制的良性运行循环。在实际的培训过程中，校企可以构建“大师工作室”，为师傅培训的开展创造良好的平台，并设置相应的培训制度，促进他们专业技能的提升。

（二）以组织制度为激励政策的延展点，提高师傅带徒门槛，制定师傅任职标准

通过以组织制度为切入点，进行相应激励政策的制定，校企可以最大限度地激发企业师傅的积极性。具体来说，校企可以用设置企业师傅称号的方式，实现对既有专业技能，又有管理水平的人才的认可，提高师傅参与现代学徒制的积极性。为此，笔者认为有必要建立一套完整的师傅管理机制。在实际的落实中，笔者对图 2–4 所示内容进行简要论述。

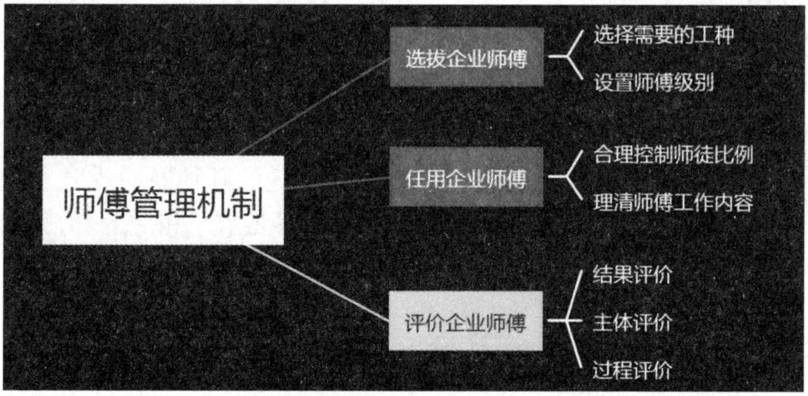

图 2–4　师傅管理机制

1. 选拔企业师傅

校企在选拔企业师傅时，要综合考虑，全面分析。一方面，师傅的技能要与现代学徒制的工种一致；另一方面，结合师傅的综合技能水平，设置相应的企业师傅级别，比如三级师傅、二级师傅以及一级师傅，并以此作为分配学徒的依据。值得注意的是，校企可以引入即将退休的企业师傅。此种师傅的优势在于：其一，有利于将企业师傅的核心手艺留在企业中。其二，退休师傅与徒弟之间并不存在竞争关系。

2. 任用企业师傅

在任用企业师傅方面，校企需要结合以下两点：第一，合理控制师徒比例。笔者认为相对科学的师徒比例是 1 ∶ 2。这种师徒比例一方面有利于两位徒弟之间形成竞争心理；另一方面可以降低师傅带徒的工作量，提高整体的带徒效率。第二，理清企业师傅的工作内容。企业师傅除了需要带徒外，还需要从事其他方面的工作，如学校课程理论与实践课程的设置，辅助学生进行职业规划，对学生进行综合性评价等。通过合理设置师徒比例、理清工作内容的形式，校企让企业师傅明晰了管理内容，激发了他们带徒的积极性。

3. 评价企业师傅

评价企业师傅的带徒能力，校企可以从结果评价、主体评价、过程评价三个角度入手。在结果评价中，校企可以通过竞赛的方式考查学徒的实习成果；在主体评价中，校企可以引入多元的主体机制（此部分内容已在上文论述，在此不做赘述）；在过程评价中，校企可以运用信息技术全程拍摄，观察师傅的具体带徒方式，仔细聆听师徒之间的对话，实现更为精准的过程评价。从上述三种评价入手，校企可以进行立体化的评价，发现企业师傅在带徒过程中的问题，并进行针对性的纠正，让企业师傅获得更为全面的技能、素质的提升。值得注意的是，校企需要整合每一位企业师傅的评价，并将一些消极带徒的师傅及时淘汰或降级。对于为带徒做出突出贡献的企业师傅，校企需要给予相应的物质以及精神奖励，比如颁发优秀带徒师傅证书等。

（三）以社交文化为精神激励政策的促进点，构建融洽的师徒关系，弘扬尊师重道传统

在传统的师徒关系中，师傅通过具体的工作实践，一方面可以让学生掌握专业的技能；另一方面能够实现职业精神的传承，比如师傅的精神、品格以及人格等，让学生在为人处世、待人接物以及专业技方面真正获得全面的提升。这对于现代学徒制中社交文化的构建具有积极的启迪作用。

为此，笔者认为在现代学徒制背景下的社交文化的构建过程中，有必要通过各种塑造良好师徒关系的方式制定对应的激励政策，对学生进行职业价值观的塑造，促进师徒共同价值观的形成，这样有利于弘扬尊师重道的精神。具体来说，笔者着重从以下角度进行分析。

1. 师徒互选机制

校企可以构建师徒互选机制，一方面提供介绍徒弟和师傅的平台，让企业师傅在此平台上介绍个人的技能优势，也让学徒说明自己的拜师意向和现有水平；另一方面构建师徒互选机制，既可以让师傅选择合适的徒弟，又能让徒弟选择个人认可的师傅。通过师徒互选机制的构建，校企可以在师徒相互认可的过程中，激发企业师傅带徒的积极性，提高学徒专业知识学习的能动性，在一定程度上实现“亲其师，信其道”，提升现代学徒制的整体育人质量。

2. 营造尊师重道的文化氛围

尊师重道氛围的营造可以着重从三个角度论述：

第一，从企业师傅的角度论述。首先，从企业师傅值得尊重的角度。企业师傅在日常培训徒弟的过程中，需要尊重学生，以朋友的立场与学生沟通，让学生感受到被尊重。尤其是，在学生初步实践操作的过程中，企业师傅要正视徒弟在实践中的“低级错误”，并进行耐心指导，从而赢得学徒心理上的认同与尊重，为实现“亲其道，信其师”打下坚实的实践基础。其次，在具体的实践过程中，企业师傅不仅要耐心，更要注意因材施教，即针对不同水平的学生，灵活采用多元的带徒方式。比如，针对一些内向、动手能力较弱的学生，企业师傅可以在言语上进行鼓励，在实践中多指导，让这部分学生从事最为简单的实践项目，帮助他们建

立自信，师傅也能因此获得带徒的成就感。最后，注重从增强徒弟的综合实践能力入手，进行针对性实训。在提高学生综合实践能力的过程中，教师可以遵循循序渐进的原则，逐步提升实践活动的难度，让学生在不知不觉中逐渐增强个人的实际操作能力。

第二，从徒弟的角度论述。在师傅诚心诚意将毕生经验倾囊相授时，徒弟需要从主观上对师傅倾囊相授的行为表示感激；从客观上，徒弟要认认真真、一丝不苟、精益求精地学习职业技能，表现出不怕吃苦、不怕累的付出精神，用个人的认真、耐心打动师傅。师傅往往会被徒弟的学习精神所感动，更加细心地讲授工作细节，将他们的隐性实践知识，即实践经验方面的知识传授给学生，促进学徒职业技能的快速提升。

第三，从实际奖励的角度论述。为了营造良好的师徒关系，营造尊师重道的优良传统，校企双方可以定期举办师徒良好职业道德评选活动，让师徒参与此项活动的投稿，并进行针对性的评选，给予参与评选的师徒不同级别的物质奖励和精神奖励。如，对师傅而言，校企可以颁发给其奖状和奖金；对于学生而言，学校可以将此部分奖励作为评选入党分子、奖学金的重要依据。通过从奖励的角度入手，校企让师徒重视师徒文化，并让师徒加强对职业道德的认知，构建新型的师徒关系，将现代学徒制人才培养的效果发挥最大化。

（四）以职业晋升为激励政策的落脚点，激发师傅带徒的热情，实现师傅的职业价值

在现代学徒制的授课过程中，校企可以构建相应的职业晋升制度，一方面制定相应的薪资奖励；另一方面构建相应的晋升制度，设置相应的职业积分。在具体的落实上，校企可以从以下三方面入手。

1. 晋升制度

在晋升制度上，校企可以以企业师傅的带徒结果为依据，设定相应的晋升制度，即当企业师傅的带徒能力得到一定程度的提升后，可以让其自主带队，成立相应的企业生产小组，并开展针对性的运营。与此同时，企业委派具有较高管理水平的干部辅助师傅做好团队的管理，进而提升师傅的管理水平，使其成长为兼具职业技术与管理能力的高级管理者。

2. 薪资奖励

在薪资奖励上，校企可以遵循企业师傅的主观意愿，即针对不想从事管理层岗位的企业师傅，可以给予相应的物质奖励，使其积极地投入带徒过程，提升教学效率。

3. 职业积分

在职业积分上，校企可以为每一位管理师傅构建相应的积分银行，即企业师傅每带出一个徒弟，可以获得相应的积分，这些积分与企业师傅的业绩考核挂钩，这样能让企业师傅充分认识到带徒工作的重要性，并通过真正的带徒，营造“一花独放不是春，百花齐放春满园”的育人氛围；在激励师傅的同时，为企业的发展提供相应的、源源不断的高技能复合型人才。

总而言之，在构建晋升制度的过程中，校企可从职位和薪资两个角度入手，激发企业师傅带徒的热情，让他们在岗位晋升以及薪资增长的过程中，凸显个人的职业价值，提升带徒的综合能力。

二、构建校内教师奖励晋升机制

（一）校内教师奖励晋升机制

1. 奖励晋升机制的评价内容

主要评价内容分为两部分。第一部分，专业培养目标；第二部分，专业岗位需求。在专业培养目标方面，学校教师一方面可以让学生掌握实习过程中学到的理论知识以及基础性的实践技能；另一方面让他们掌握最为基本的职场规则，比如沟通方式、工作态度等，使学生可以更好地适应岗位的需求，将学生打造成为更具专业性的复合型人才。第二部分，专业岗位需求。在设定专业岗位需求的过程中，教师需要与企业师傅沟通，共同制定相应的课程以及具体的实践教学方式，让学生掌握扎实的企业工作所需的基础理论知识和基本工作技能，完成由学校学习向企业学习的顺利过渡。在实际奖励晋升机制评价的过程中，校企需要以教师的专业培养目标的达成状况以及专业岗位需求的满足状况为基准，进行针对性评价，并以最终的评价结果为基准，进行相应的奖励或是晋升。

2. 奖励晋升机制的评价主体

笔者将奖励晋升机制的评价主体分为主体部分和客体部分。在评价主体方面，校企可以把企业师傅、学徒、指导教师、企业领导、学校领导、教学督导员以及行业专家作为评价的主体。在评价客体上，校企可以综合考核教师的岗位技能、项目技能，以及教师所教学生的技能考核等，以其考核结果作为考核的客体。

3. 奖励晋升机制的评价结果

院校需要将教师在现代学徒制中的评价结果纳入学校督导反馈系统之中，接受学校督导的针对性检查，并让学校督导定期与企业沟通，听取企业的意见，尤其是从对院校教师的评价以及建议两个角度入手，对教师的教学能力和水平有一个清晰的认知，使教师真正意识到个人的教学问题，并进行针对性改正。在此之后，院校综合考量多种评价因素，比如主客体评价、过程性评价、结果性评价（从企业的角度），对学校教师进行级别的评定，设置与级别评定相对应的奖惩与晋升机制，提高学校教师参与现代学徒制教学的积极性。

（二）校内教师奖励晋升原则

在设定校内教师晋升原则的过程中，院校可以以考核为标准，灵活设置相应的奖励晋升原则，让更多的在校教师投入现代学徒制教学培养的过程中，促进本校教师综合教学能力的提升。在制定具体的晋升原则时，院校可以参照图 2–5 所示第二内容。

图 2–5　校内教师奖励晋升原则

1. 兼顾过程性考核的正向评价和引导评价

在过程性考核的过程中，院校既要记录教师在现代学徒制开展过程中的优势，形成相应的正向评价，又需结合教师在评价过程中存在的问题进行针对性的引导评价。

2. 遵循侧重性考核原则

在侧重性考核方面，院校可以从现代学徒制下教师的工作能力和工作态度两个角度入手。在具体的工作能力考核上，学校一方面可以在培养学生的过程中，以创造和把握各种机会、探索有效工作方法、制订与实施工作计划等为依据；另一方面对综合性思维能力进行评价，比如思辨思维能力、创造思维能力以及逻辑思维能力。在实际的工作态度中，学校可以从以下三点切入：第一点，任课教师是否具有明确的工作目标；第二点，任课教师是否能客观全面地认识个人的不足与优势；第三点，教师是否具有健康向上的职业道德。

3. 以校企实际为立足点，灵活设置考核准则

在考核标准的设定过程中，院校要把握好灵活性准则，一方面结合本校的实际，另一方面以企业的发展状况为重要参考方向，并探寻本校实际与企业发展状况的平衡点，进行折中性的考核评价，使得整个奖励机制的考核准则更具有灵活性。

4. 增强激励的科学性

在增强奖励的科学性方面，院校需要重视评价的层次性、弹性化以及透明性，增强激励的科学性。在评价的层次性方面，院校可以设置 A 层次——良好；B 层次——合格；C 层次——较差。在评价的激励性方面，院校可以从教师的教学特长入手，进行针对性的增项评价，让他们在获得积极评价的过程中，充分发挥个人的专长。在透明性评价上，院校可以定期公布评价的内容和细则，让任课教师结合个人评价的结果进行一一对应，增强考核的公信力。通过进行透明性、弹性化以及层次性的评价，院校可以让教师以评价结果为参照，获得相应的奖励或者晋升，促进教师综合教学能力的增强。

（三）校内教师奖励晋升的内容

1. 奖励内容

在进行奖励内容的设定时，院校可以针对不同的群体，以不同的考核结果为依据，设置相应的奖励内容。对考核结果优异的教师，院校可以从教师的年龄入手，进行针对性奖励。比如，针对青年教师，院校可以设定相应的奖励——公租房，满足青年最为基本的生活需求；针对老年教师，院校可以设置体检方面的奖项，重视老年教师的健康。此外，院校可以以增强教师的教学能力为奖励内容，组织教师进行出国学习，尤其是学习先进现代学徒制的国家的经验，比如拜访德国，学习德国的“双元制”模式；出访英国，学习“三明治”模式；专访美国，学习现代学徒制模式；到达瑞士，学习“三元制”现代学徒制等，这样既能开阔教师的眼界，又能提升教师在现代学徒制下的教学能力及管理水平。

除了上述奖励内容外，院校还可以设置现代学徒制的教研奖项、专项基金等，以最终的考核结果为依据，为符合要求的教师设置相应的奖金，让教师更加积极地参与现代学徒制的授课，为现代学徒制培养模式的效果赋能。

2. 晋升途径

众所周知，院校教师的晋升路线分为三类，分别是专业晋升路线、行政晋升路线以及学术晋升路线。专业晋升路线主要是教师从助教、讲师再到副教授，最后到教授的过程；行政晋升路线是教师由系主任到副院长、院长，最后到副校长以及校长的过程；学术晋升路线是指，教师由初级研究实习员到中级助理研究员，再到副高研究员，最后到正高研究员的过程。在进行上述路径的晋升过程中，院校一方面需要兼顾考核的量化和定性；另一方面需要秉持相应的标准，比如“能者上，庸者让，平者下”的原则。既要通过教师的现代学徒制授课，挖掘专业人才、行政人才和学术人才，并鼓励这些人才参与相应的竞聘，又能让他们在竞聘中获得晋升，促进本校教学层次的优化，再一次激发教师参与现代学徒制教学的热情。

三、学徒发展晋升的阶梯制度

（一）制定学徒晋升阶梯制度的原因

制定学徒晋升阶梯制度的原因有以下三点：对于学徒而言，学徒以晋升阶梯制度为标准，设置近期的职业目标，付出相应的心血和努力，达到相应的技能水平，获得与技能水平相适应的收入。对于公司而言，公司可以将学徒晋升阶梯制度作为筛选人才的“筛子”，筛出技术水平高，肯付出、肯努力的人才，并将其留住，打造高素质的人才队伍，促进企业的发展。于学校而言，学校可以以学生在企业中的表现为基点，进行本校课程的改革，实现教学方式的升级，推动本校在现代学徒制下综合教学能力的提升。

（二）负责学徒晋升阶梯制度的部门

负责学徒晋升阶梯制度的部门有两个，分别是学校部门和企业部门。两个部门相互协作，促进学徒晋升阶梯制度的构建。笔者在此主要介绍两个部门的职能。学校部门主要负责的是对学生学校综合学习能力的评价，其占总评价比例的百分之五十；企业部门的职责是负责对学徒在企业中的表现进行评价，其占评价总比例的百分之五十。当学生在两个主要部门评价比中所占的比例之和为百分之七十时，他们便可以进行职业技能测评。企业技能鉴定部门主要对学生的综合实践能力进行鉴定。

（三）学徒晋升阶梯制度的程序与原则

1. 学徒晋升阶梯制度的程序

（1）学徒晋升的级别和顺序。学徒晋升的级别分为四级，分别是初级的正式普工、中级的四级学徒、副级的三级学徒和高级的一级学徒。

（2）学徒 / 员工晋升的形式。本部分中的晋升期限为六个月。具体的晋升顺序是：首先，学徒以个人的实践技能为依据，向所在小组提交相应的《学徒工晋级申请表》，并将此表复印成两份，分别派送至学生所在的学校以及企业的技能鉴定部门。其次，校企让两个部门分别抽取该学徒工的上课、实践视频进行评价，以两部门的综合评价结果为依据，进行针对性的技能鉴定资格审核。最后，企业技术鉴定部门开展针对性技能考核，并组织专业技术人员进行评定，检查学徒工实际的技能水平，纠正学徒工在具体实践过程中存在的问题，实现以评价促管理，以管理推评价的目的。

除了上述内容外，校企可以制定与学徒工级别相匹配的工资标准：四级学徒工是初级学徒工，即学生进入企业的最低级别，享受基础工资；在三级学徒工的考核后，学生可以获得 500 元的技术工资；通过二级学徒工的考核后，学生可以获得 800 元的技术工资；经过一级学徒工的考核后，学生可以获得 1 000 元的技术工资。成为一级学徒工后，学生同时晋升为初级技术员，其技术工资根据工作实际进行相应的上调。值得注意的是，因为不同行业之间的工资水平不同，所以在具体的技术工资设定上，校企需要结合多种因素，对技术工资进行针对性的考量。

2. 学徒晋升阶梯制度的原则

通过构建科学、公开的晋升阶梯制度的原则，校企一方面可以以原则为方向进行人才的培养；另一方面可以引导学徒努力的方向，增强晋升机制的公信力，挑选出优质的人才。在具体的现代学徒制原则的制定过程中，笔者着重对图 2-6 中所示内容进行论述。

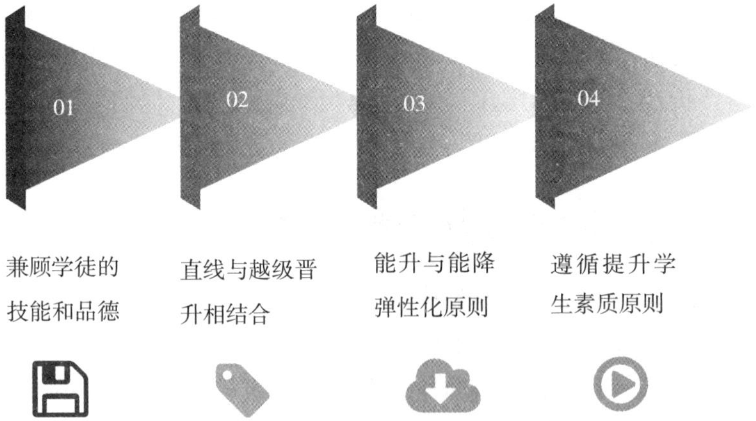

图 2-6　学徒晋升阶梯制度的原则

（1）兼顾学徒的技能和品德。在学徒晋升制度的原则的制定上，企业既要以学徒的专业技能为依据，又需以学徒的职业品德为重要的鉴定要素。具体而言，企业师傅可以设定协作性的练习题目，考查学生在练习过程中是否具备团队协作精神、奉献精神等，并以此作为考核学生职业品德的重要依据；观察学生在实践过程中的具体问题，并以最终的实践结果作为依据进行职业技能评价。与此同时，企业师傅可以通过实际工作案例，既让学徒在解读这些案例的过程中，加深对职业品德的认知，促进他们良好职业品德的塑造，又能让他们认识到技能提升的必要性，发挥出学徒晋升阶梯制度的作用。

（2）直线晋升与越级晋升相结合。直线晋升即按照公司的制度，让学徒工进行四级化晋升。越级晋升是指企业需要结合员工的具体表现，比如针对表现突出的学徒工进行越级晋升。此种方式一方面可以调动学徒工的积极性；另一方面可以增强晋升路线的弹性，最大限度地激发学徒工的工作能动性。

（3）能升与能降的弹性化原则。学徒晋升阶梯制度并不是一成不变的。为了强化学徒工的综合实践技能，企业可以从以下两方面入手，对学徒工的技能级别进行调整。第一，统计学徒工工作的返修率以及客户满意度，并以此作为学徒工晋升或是降级的重要指标。第二，定期举办技能大赛，通过观察学徒工的技能表现，给予其相应的评价，并将此作为学徒工晋升或是下调的主要依据。

第三节 划分责权利的界限

一、划分责权利界限的意义与原则

（一）划分责权利界限的意义

1. 责权利的界定

（1）责的界定。人是一种社会性的动物，因为有着不同的角色定位，所以扮演着不同的角色。在实际的社会责任的扮演过程中，人自身是一种特定的价值循环系统，一是要投入相应的价值内容，比如时间、精力等。二是要输出特定的功能，即相应的劳动产品。

总而言之，责，从公司的视角来看，即人在特定的工作内容下，在承担相应的社会职能中，需要具备履行与该职能相匹配的义务的能力，比如在现代学徒制人才培养质量保障的体系中，学校、企业以及学生需要明确各自的职责。

（2）权的界定。人为了完成相应的价值输出，即完成工作任务，往往需要运用不同的资源，这就需要获得运用各种资源的权限。从社会的角度来看，此种权限外化的形式通常为“权限控制”和“资格控制”。社会通过向不同类型的主体发放相应的权限或是资格证书，使得对应的社会主体具有从事某种工作，支配某种资源的能力。

权的本质是，为了实现特定的社会性功能，社会主体需要具备某种获取或是支配某种价值资源的资格。常见的权的类型为公权和私权。公权即支配公共资源的权利；私权即支配个人价值资源的权利。就本书而言，在中国现代学徒制人才培养质量保障体系的构建中，学校教师以及企业师傅需要具备相应的教学资质，才能真正被选入此体系中。

（3）利的界定。人类是一种拥有特定循环的价值系统，以投入的各种价值资源为原料，生产相应的资源。在此过程中，人类以产生相应资源的形式用于承担社会要求的责任，并获取对应的利益，比如物质财富、精神财富等，进一步反作用于社会性需求资源的再生产。而提高个人再生产能力的关键是，提高人类的生产能力以及劳动能力。

利的本质是人类在明确个人责任的前提下，即明确个人的社会性价值功能，进行相应的社会性价值输出，并获得等值的收益。就本书而言，学校、企业以及学生均需从实际劳动中获得与劳动付出等额的回报，比如薪资的增加、岗位的晋升等。

2. 界定责权利的意义

从产教融合发展的角度来看，通过构建现代学徒制人才培养质量保障体系，明确校企生三方的责权利，可以真正激发协同育人的精准性，激发各个主体参与现代学徒制人才培养的能动性，实现学校教学能力、企业生产能力以及学生专业水平的“三重”提升，从而提升产教融合的效益性。从现代职业教育体系发展来看，通过明确界定校企生三者的责权利，可以促进职业体系的规范化，为现代职业教育实践性体系的构建指明方向，促进院校职业化教学能力的提升。

（二）划分责权利界限的原则

1. 整体性原则

在整体性原则的论述中，笔者着重从两个方面切入。第一，协同性原则。在现代学徒制人才培养质量保障体系的构建中，校企生三方需要秉持责任共担、权利共享以及利益共得的原则，构建具有长效性的发展机制、育人机制以及合作机制，促进育人整体质量的提升。第二，发展性原则。通过现代学徒制人才培养质量保障体系的构建，校企双方可以为当地经济的发展提供适合的人才，增强当地劳动就业体系与职业教育体系的协同性，促进当地经济的良性发展。

2. 细化性原则

（1）科学配置权限。校企生三方需要明确个人的权限，一方面促进体系的正常运转；另一方面利于个人职责的履行和价值的实现。在进行权限配置的过程中，校企生三方需要落实以下三点：首先，明确在校企合作过程中各价值资源的归属问题，比如在学校场所中教学设备的归属权、学生在生产过程中形成的个人独有的知识产权等。其次，明确校企生三方在权利方面的界限，不能出现越权的状况。最后，校企生三方需要运行共同的权力监督程序，保障各方的权益不受损害。

（2）强化责任意识。为了避免校企生三方在责任方面“相互推诿”“相互扯皮”的现象发生，三方需要明确各自在现代学徒制人才培养过程中的职责；并在明确各自职责的前提下相互帮助、相互促进，最大限度地激发三方的积极性。

（3）合理分配利益。校企生三方的利益下，企业追求利润的最大化，学校要求育人能力最大化，学生要求个人发展最大化。在进行现代学徒制人才培养保障质量体系的构建中，三方首先需要维护共同的利益，并在此基础上寻找三方利益的最大公约数。既要在一定程度上舍弃个人的利益，又需从长远的利益入手，建立相应的约束机制，实现三方主体参与效能得到最大程度的激发。

二、以立法为视角，界定校企生的责权利

（一）以立法为视角，构建具有界定性的校企生责权体系

1. 加强法律法规建设，明确校企生三方责权

对校企生三方而言，在现代学徒制人才培养质量保障体系构建的过程中，三方需要加强实际合作过程中的法规制度建设，尤其是向国家提出针对性的见解，建立健全现代学徒制的法律法规制度。具体来说，校企生三方需要从实际操作入手，在征询专业法律机构的前提下，结合现代学徒制人才培养的具体操作实情，构建具有执行性、实效性的法律法规制度。在制定相应的法律法规后，为了保障法律法规的执行性，三方可以共同构建共管监督机制以及共管监督机构，一方面是促进三方规范意识、法律意识的形成；另一方面实现有效的监管，并对现有的现代学徒制背景下建立的法律法规进行针对性调整，实现规则制定的弹性化，达到明确校企生三方责权，促进人才培养体系优化的目的。

2. 明确三方责任，违法深度追究

明确三方责任后，在违法深度追究的论述中，笔者着重从校企生三方进行论述。在上文中提到，校企生三方构建的共管监督机构，其主要是以三方制定的法律法规为依据进行针对性的监督，并在校企生未履行责任而引起巨大损失时，进行针对性的惩罚。具体的惩罚规则为：轻度惩罚是对责任方主体进行罚款；中度惩罚对责任方进行权利的限制；重度惩罚是要求责任方赔偿经济损失，终止合作。

（二）以立法为视角，构建具有界定性的校企生利益体系

校企生是现代学徒制中的三个主要的利益主体。学校的利益核心点是提高本校综合教学能力，向社会输送技术型、知识型以及创造型人才的关键。企业的利益核心点是通过参与现代学徒制人才培养质量保障体系的工作，获得符合企业现阶段以及未来发展的人才，提升企业在市场中的综合竞争力。学生的利益核心点是通过多种方式的培训、实习，在夯实个人基础理论和实践技能的前提下，可以掌握更具有前沿性的知识

和实践技能，增强个人的职业能力。在现代学徒制立法的过程中，三者的利益关系是：要想实现学校的核心利益，就需要以实现学生核心利益以及企业核心利益为基础性前提。具体来说，笔者提出如图 2–7 所示的建议。

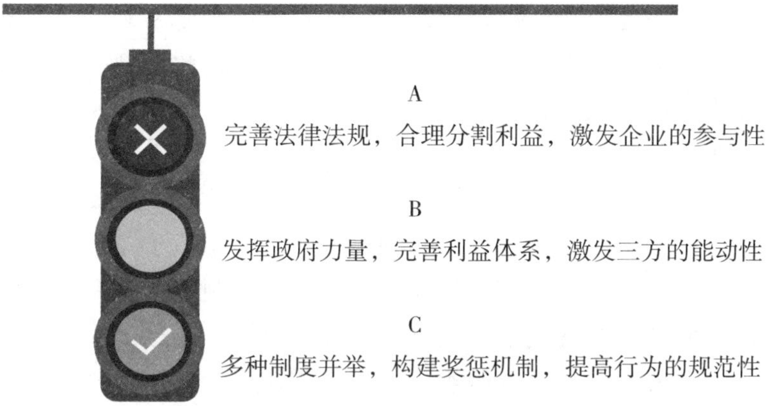

图 2–7　构建具有界定性的校企生利益体系

1. 完善法律法规，合理分配利益，激发企业的参与性

企业是现代学徒制开展过程中的核心要素之一，其需要承担较大的财务成本、管理成本以及学徒在工作中的试错成本。这也导致部分企业在参与现代学徒制人才培养质量保障体系的构建中存在不积极的状况。为激发企业参与的积极性，校企生三方需要合理分配利益占比，在维护自身利益的同时，争取企业利益的最大化，比如在深入研究企业生产、发展状况的基础上，制定相应的法律法规，其内容一方面可以涉及企业向政府申请补助；另一方面可以融入突出性科技研发方面的内容，让学校以及学生投入相应的时间、精力，解决企业现阶段以及未来发展的问题。总之，通过制定相应法律法规的方式，实现校企生三方利益的合理分配，为企业发展贡献力量，激发企业参与现代学徒制人才培养质量保障体系构建的热情。

2. 发挥政府力量，完善利益体系，激发三方的能动性

（1）政府舆论引导。在制定法律法规的过程中，政府需要加强舆论指导，一方面加大对现代学徒制的宣传，比如运用多媒体、报纸、电视、广播等，构建社会主义核心价值观与现代学徒制观念的融合点，宣传劳动可贵的理念，让人人尊重不同行业的劳动者，尤其是具有专业技能的

劳动者；另一方面要加强对识才、爱才、敬才、用才之风的构建，尽快形成社会职业平等观，营造“人人渴望成才”“人人努力成才”“人人皆可成才”“人人尽展其才”的良好社会氛围，为现代学徒制人才培养质量保障体系铺垫舆论基础。

（2）政府法规导向。政府在营造良好的现代学徒制人才培养质量保障体系的舆论后，可以设置相应的法律法规，推动此项制度在院校、企业以及学生中的高效运行，借助政策的力量，为社会培养知识型、技术型、创造性的高素质人才。

（3）政府措施保障。为了推动相应法律法规的实施，政府需要落实相应的措施。政府需要完善现代学徒制的执行标准，比如在“双师型”资格的审核、职业资格制度的构建、就业标准的制定上，完善相应的标准。政府需要加强对现代学徒制方面的资金支持，通过完善给予企业奖励政策，制定公共调节基金的规定，让企业在现代学徒制的开展过程中获得相应的资金支持。此外，政府还需要制定具有弹性的“灵活学制”，设定高中阶段职业教育的比例，完善职业教育体系。

3. 多种制度并举，构建奖惩机制，提高行为的规范性

（1）保障制度。政府在构建保障制度的过程中，可以从物质保障和精神保障两个角度入手。政府从人、财、物三个方面，尽力健全物质保障制度。具体来说，政府需要建立开展现代学徒制的专款基金，一方面作为省级、市级企业师傅的评选基金；另一方面作为现代学徒制基础设施构建的资金，并建立资金监察机构，保障每一笔资金都用到刀刃上。在精神保障制度的构建中，政府可以从理念、思想和作风三个角度切入。具体来说，政府可以将制度细化为以下两点：第一，加强社会对技能型劳动者的认可，营造崇尚技能的良性的师徒文化氛围。第二，制定现代学徒制研究队伍构建制度，尤其是在理论和实务研究方面要下大力气，打造一批高素质的现代学徒制的教师队伍。

（2）奖励制度。政府通过制定奖励制度，在落实政策优待、税收减免政策的同时，还能让政策具有可行性、操作性，实现奖励效益的最大化。具体来说，在奖励制度的制定上，政府可以尝试借鉴以下三种方式。首先，构建表彰机制。在表彰机制的构建中，政府首先需要通过立法，制定专项资金的纳入以及使用制度，规范表彰的主体，最大限度地激发

在现代学徒制中做出突出贡献的个人、单位、集体的积极性。其次，构建项目推进机制。为了激发校企生三方在现代学徒制开展中的积极性，政府可以构建现代学徒制项目推进机制，即在项目安排以及资金拨付方面给予相应的政策优惠，引导更多的职业院校和企业投入现代学徒制人才培养质量保障的体系构建中。最后，建立法律政策奖励机制。为了推进现代学徒制的深入，政府可以在资金、政策、舆论等多方面入手，完善现代学徒制度，使其成为推动职业教学体系化的重要力量之一。通过从奖励制度的构建入手，政府旨在最大限度地发挥自身优势，发挥正向的现代学徒制人才培养的积极效应，完善现代学徒制人才培养质量保障体系。

（3）约束制度。在现代学徒制约束制度的构建中，政府可以从内控和外控两个角度入手。在外控方面，政府可以完善外控方面的法律法规，注重借助各种监督力量，比如社会舆论监督、行业监督等，完善现有的外控法律。在内控方面，政府可以设定相应的“人员支援”制度，即向校企双方派遣专业性的现代学徒制专家，对学校以及企业在教学方式、教学内容以及课程设计等方面进行针对性的监督和指导，促进现代学徒制的良性发展。

三、以实际效益为落脚点划分校企生的责权利

（一）院校的权利与义务

1. 院校的权利

在本书关于院校权利的论述中，笔者注重强调现代学徒制的开展对于学校的益处，并着重从师资队伍、学生专业水平、教学模式等方面进行论述，旨在让院校充分认识到开展现代学徒制的意义，更为积极地投入现代学徒制人才培养质量保障体系的建设中，促进院校综合职业化教学能力的提升。具体来说，笔者从以下几点展开论述：

（1）提升职业院校的综合育人能力。通过开展现代学徒制人才培养质量保障体系的建设，高职院校可以提升综合育人能力，可以将重点放在教学形式上。具体言之，职业院校在现代学徒制开展的过程中引入双师模式，在丰富原有授课模式的同时，为学生提供更为多元的教学场景，

让他们在学校的学习中扮演学生身份，学习基础性与实践性的理论知识；在企业中扮演学徒工的角色，通过不断地实践，提升学生的动手能力，从而促进学生理论知识与实践能力的双重提升，达到提升职业院校综合育人能力的目的。

（2）加强职业院校的师资队伍建设。通过开展现代学徒制，院校可以从师资的构成、丰富以及培养三个角度，加强职业院校师资队伍建设。在师资的构成中，院校在现有师资队伍的建设上，注重引入新鲜血液，比如运用外聘的方式优化、丰富本校的师资队伍。在师资的培养上，职业院校可以运用校内和校外两种培训方式。在校内，学校可以邀请专家，参与本校教师的培训，也可以总结教师在现代学徒制开展中存在的问题，进行针对性修正与提升。在校外，职业院校可以运用现代学徒制的优势，深入企业中，参与实际生产，锻炼教师的综合实践能力。总而言之，通过现代学徒制人才培养保障体系的构建，职业院校的师资队伍建设得到了增强。

（3）完善职业院校的实习教学场所。通过现代学徒制人才培养质量保障体系的构建，职业院校可以进行实习场所的完善。笔者着重从图 2-8 所示的三点入手，进行分析：

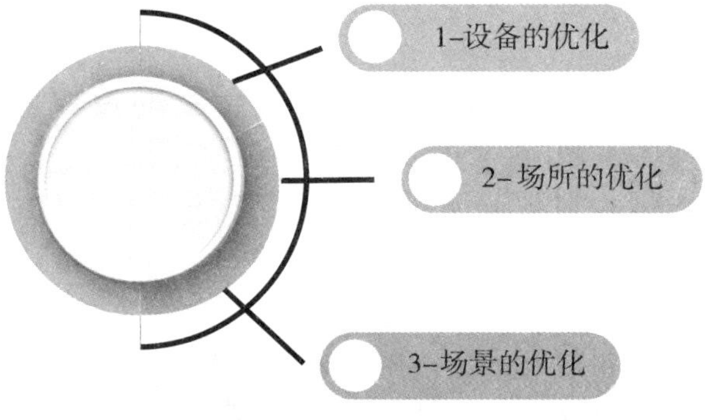

图 2-8　完善职业院校实习教学场所

第一，设备的优化。一是购进设备。院校通过与企业协商，得到企业资助的设备资金，购进较为先进的设备，促进学生专业实训能力的提升。二是引入设备。院校也可以借助现代学徒制的开展，引进具有专业性的设备，为现代学徒制的开展提供必要的设备条件。

第二，场所的优化。一是合理规划场所。院校可以合理进行场所的规划，即以学校的实际大小为标准，结合具体的实训项目，合理规划实训场所。二是扩大实训场所。院校可以借助现代学徒制，获得企业提供的资金，用于扩大场所，对场所功能区域进行层次化的划分，如设置工业制成品展示区、专业实践流程展示区。通过科学布置职业化场所的形式，院校可以增强场所的沉浸感，让学生在全身心投入实训的过程中，灵活运用所学的理论和实践知识，提升自己的综合实践水平。

第三，场景的优化。在场景优化得过程中，院校可以交替使用模拟情景和真实情景。以精细化操作为例，教师可以采用模拟场景，即运用 VR 技术展示精细产品的制作过程，提前对实训活动进行“预热”，让学生在仿真实训环境中，操作的目的更为明确，动作也更为准确，实现教学场所优化效益最大化。

（4）增强学生的职业生涯规划意识。通过现代学徒制人才培养质量保障体系的构建，院校可以让学生提早了解未来可能从事的工作岗位，并通过轮岗的方式，对整个工作内容有一个全面的了解，并加深对自我的认知，选择在轮岗中个人喜欢的岗位，以此岗位作为职业生涯规划的起点。与此同时，学生将目标进行逆向思考，将其一步步划分成小目标，在实现这些小目标的过程中，逐步向岗位目标迈进，在岗位学徒的过程中启动学生职业规划的第一步。让学徒通过实践感受目标实现的快乐，促进其职业生涯规划意识的增强。

（5）提高职业院校的对外美誉度。通过现代学徒制，院校一方面可以获得专业教学能力的提升，为合作企业提供高素质的人才；另一方面可以形成具有本校特色的专业以及相应的配套课程，打造“龙头”专业课程体系。通过打造一系列的知识型、技术型以及创新型人才，获得企业、社会的认可，提高职业院校的对外美誉度。

2. 院校的义务

（1）日常义务。校内学习日常管理工作。招生工院校负责与企业协作进行多种形式的招生工作：首先，申报现代学徒制的招生计划和生源计划。其次，审查生源资格。再次，参与考核选拔、招录与转专业等活动。最后，学徒协议签订、学生中途退出的办理、中途插班补录等一系列工作。再就是毕业工作。院校一方面负责对学生学籍进行管理，另一方面需要完成毕业资格的审核、毕业证书的发放等。最后，经费筹集。院校需要与企业协商，按比例筹集在现代学徒制筹办过程中产生的经费。

与此同时，院校可以通过其他方式，比如向国家申请贷款、建设现代学徒制专项基金的方式，落实经费的筹集工作。

（2）管理义务。①教学文件的拟制与管理。学校一方面要与企业共同开发、建设考核评价的内容与标准；另一方面需要加强对技术服务、项目研发以及教学研究方面的管理，使现代学徒制的开展更具精准性。与此同时，学校需要进行构建与本校实践课程相匹配的教学资源。②实训环境的建设与管理。院校需要结合本校实际，提供相应的实践性内容。一是教学场所。院校需要自行配备相应的实践内容场所。二是教学设备。为了保证理论和实践教学的顺利进行，院校需要准备相应的教学设备，比如教学器材、专业性图书阅览室、实训室、多媒体教室等。③现代学徒制班级的搭建与管理。院校负责本校现代学徒制机构的搭建、人员的配备、机制的建设等，推进院校现代学徒制班级的合理运行。

（3）建设义务。①开发内容。院校需要与企业共同完成以下开发内容：专业人才培养方案、理论与技能课程及教学设计、双师教学团队等。②建设内容。笔者认为院校需要负责以下两方面的建设。一是实训基地的建设。院校根据具体的实训项目内容以及本校参与现代学徒制的人数，并结合具体的操作设备大小，合理设计实训场地。二是实训教学资源的建设。在实训教学资源建设的过程中，院校可以充分运用双师教学团队的优势，从校园教学场所、内容，以及企业的工作内容以及机械设备的操作入手，进行多角度的商讨，促进本校实训教学资源的建设。

（二）企业的权利与义务

1. 企业的权利

（1）满足企业人力资源的需求。满足企业人力资源需求的关键性因素在于现代学徒制形成了“招生即招工”“学生即学徒”“入校即入厂”“上课即上岗”“学习即生产”“毕业即就业”的有机就业性链条。这种链条构建的优势在于解决企业在人力资源需求中的两项问题。问题一，招工信息的不对称性。企业参与现代学徒制，可以以学生的专业为导向，进行精准的招工，解决招工信息不对称的状况。问题二，校企交互式培养。通过校企交互式培养，企业可以实现到岗前培训的“零距离”，让学生在学校学理论，进行基础性实践，更好地适应企业的实际生产状况，最大限度地满足企业人力资源需求。

（2）减少岗位培训的综合成本。随着时代的进步以及响应国家“大众创新、万众创业”的号召，不同类型的专业型公司开始大范围成立，这在一定程度上造成各个企业在生产过程中出现“挖人”的状况，造成部分企业在培养人才成功后，便被更高待遇公司挖走的状况，继而增加了企业进行人才培养的成本。现代学徒制的实行在一定程度上有效地解决了此项问题。第一，在现代学徒制的开展过程中，校企共同进行专业人才的培养，虽然企业在早期会投入一定的成本，但是企业在后期可以培养出与本公司价值观相吻合，与实际生产需求相匹配的技能，这在一定程度上降低了岗前培训的综合成本。第二，在实际的现代学徒制的落实中，企业一方面会制定学徒晋升机制；另一方面会了解该行业不同等级的实际收入，并结合公司实际，适时地提高公司员工待遇，满足公司员工的薪资期待，这利于培训成本的降低。

（3）带来经济、社会双效益。现代学徒制的开展给企业带来了良好的经济效益，主要凸显在以下几点：首先，招聘成本。企业为了招到合适的员工，需要通过多种方式，比如在招聘网站上发布招工信息，在线下举办招聘会等，这一系列操作需要相应的资金支撑。其次，培训成本。在招工后，企业需要对新招工人进行培训，尤其是专业技能、专业素养的培训，这增加了企业的人才资源成本。最后，试错成本。新招的工人在工作过程中难免会出现各种错误，这种试错成本需要企业来承担。与之相反，现代学徒制下的学生在企业学徒的过程中就完成了上述内容，在一定程度上降低了企业的综合成本，还带来了一定的经济效益。从社会效益方面来看，企业参与现代学徒制是一种积极履行社会责任，解决就业问题的行为，有利于从社会层面树立企业的良好形象，为企业带来良好的社会效益。

2. 企业的义务

（1）标准性义务。笔者将标准性义务划分成两个阶段。第一阶段，成为正式员工之前的标准性义务。在此阶段，企业负责拟定以下标准或是制度，学徒劳动合同、学徒劳动协议以及招工审核标准。第二阶段，成为正式员工之后的标准。企业中的相关部门负责拟定岗位技能考核评价标准和人才培养标准。

（2）管理性义务。管理性义务主要是指，企业在人、财、物以及对应制度的管理上。第一，本企业的人员管理。在现代学徒制开展的过程中，企业需要配备企业技术师傅、企业管理师傅。第二，招工管理。此部分内容与院校日常义务中的招生工作一致，即由企业和学校协同进行。笔者在此不再赘述。

（3）建设性义务。建设性义务是指，企业需要承担起与现代学徒制建设相关的各种责任。首先，经费。企业需要与学校协商，设定合理的经费比例，各自承担比例规定的费用。其次，内容。此部分中的开发内容与院校建设义务中的开发内容相同，究其原因在于校企双方在现代学徒制的开展过程中遵循共同开发的原则。再次，设备与场地。企业一方面有义务参与学校的实训场地建设，结合具体的企业发展需要提出针对性建议；另一方面有义务与院校协同，参与校外实训基地的建设，并结合实际需要完善相应的设备。最后，实训资源。在实训资源的建设中，企业中的管理师傅以及技能师傅需要与学校教师进行深入交流，在达成共识的基础上，完成实训资源的建设。

（三）学生的权利与义务

1. 学生的权利

（1）知晓个人在现代学徒制中拥有的权利。院校学生通过签署三方协议的模式，可以了解个人在学校学习以及企业实习中的相应权利与义务，并在充分结合个人实际情况以及主观愿望的前提下，更为积极地成为促进现代学徒制开展的推动者。此外，学生可以参与企业的招生宣传讲座，通过与企业互动的方式，更为直观地了解个人在现代学徒制中拥有的权利。

（2）形成优良的职业技能和素养。学生从学习过程和生产过程两个角度入手，开展相应的职业训练，一方面立足学校的实际，掌握基础性理论知识的同时，还可以从企业发展的角度着力掌握具有实操性的理论知识；另一方面可以在学校实践的过程中联系相应理论知识，促进学校实践能力提升，同时在企业实践中加深对实操性理论知识的理解，最终达到提升学生职业技能、塑造良好职业素养的目的。

（3）解决学生在未来的就业问题。在参与现代学徒制人才培养的过程中，学生是核心，也是最大的受益者。学生在掌握专业性技术以及理论知识的前提下，参与企业的审核，即运用个人的专业能力在企业中获得相应的工作岗位。

2. 学生的义务

（1）职责。学生的职责包含在学校学习时的学生职责和在企业当学徒时的员工职责两部分。笔者在此将两者进行整体论述。学生的职责主要是指，学校以及企业需要学生高标准地完成相应的理论、实践学习任务，并处理好在完成任务的过程中，整个工作的上下游之间的关系，比如在任务对接方面等。

（2）形象。学生无论在企业，还是在学校，均需要维护学校以及企业的形象。具体来说，在企业实习的过程中，学徒要严格遵守企业制度，言谈举止要符合企业岗位要求，谦虚谨慎、文明礼貌，为学校树立良好的形象。在学校学习的过程中，要严格遵守校规、校纪，同时把在企业中培养出的良好职业素养带到校园，认真对待学习与工作，以优异的学习成绩、工作效果为企业树立良好形象。更为重要的是，学生在走出校门进入企业后，需要维护个人的形象，通过个人的言行为学徒班赢得荣誉。

第三章　构建现代校企协作部门
让人才培养保障体系落到“实处”

第一节　校企协作部门“共招生”和“共培育”

一、校企协作部门“共招生”

（一）“共招生”的指导思想

1. 响应国家的号召

按照 2014 年印发的《教育部关于开展现代学徒制试点工作意见》以及 2019 年 12 月印发的《教育部办公厅关于全面推进现代学徒制工作的通知》，积极推进现代学徒制的工作，提升校企在现代学徒制方面合作的深度、广度和高度，校企之间开展共同招生计划，实现“招生即招工”“入学即入岗”的现代学徒制培养方法。

2. 打造现代化人才

通过共同招生的模式，校企之间可以实现无缝对接，即专业与产业、岗位对接，学历证书与职业资格证书对接，生产过程与教学过程、职业标准与专业课程内容对接，将学生打造成为适应企业生产的知识型、技术型以及创造型的社会主义现代化高素质人才，为社会主义建设培养合格的接班人。

3. 实现校企生三赢

通过开展校企“共招生”的模式，可以有效实现校企生三方共赢，其主要体现在以下三点。首先，对于企业而言，通过这种“共招生”的模式，企业可以在前期确定招工人数、招工岗位和培训内容，并向学校提供针对性设备、资金以及人员“支援”，打造与企业发展相适应的人才，降低企业在招工中的各项成本，引入新鲜血液，促进企业综合效益的提升。其次，对于院校而言，院校可以结合企业的需求以及本校的实际进行针对性招生，更为立体地了解学生的各项信息，将优质的学生引入本校，为培养高素质的职业化人才挑选“良苗”。最后，对于学生而言，学生在招聘以及选校的过程中，可以根据个人未来的工作内容，针对性地选择学校、企业、专业，增强个人的自主性。与此同时，学生可以通过网上信息查询以及线下与企业师傅、学校教师沟通的方式，更为全面地了解各个行业的人才需求标准，并在入校以及进入企业的初期，明确未来的岗位目标，更为积极地投入学习中，在毕业后进入心仪的职业岗位，为个人的未来就业提供相对稳定的保障。

（二）“共招生”的落实原则

1. 需求性原则

在校企招生中，校企双方需要考虑两方面的需求。首先，社会（企业）对人才的需求。在招生的过程中，校企既要立足现在，又需着眼未来。从立足现在来看，校企需要从企业实际生产需要的人才入手，进行针对性的人才培养，让学生在毕业之后可以具备基本的生产能力。从着眼未来来看，校企需要深入挖掘本行业未来的发展趋势，适时地在人才培养的过程中融入新型的专业知识，让学生在未来的择业中有更多选择的“余地”。为了满足现阶段以及未来人才的培养需要，校企在招生过程中需要考查学生是否具有学习意识以及学习能力，为现在和未来的人才培养“选好苗”。其次，人才培养条件需求。校企是否具备相应的人才培养条件，比如学校方面的教学设备、场地、技术水平、师资队伍，企业方面的时间、人员安排等，构建基础性的满足人才需求的培养条件。

2. 共利性原则

在招生的过程中，校企需要考虑校企生三方的实际需求，即在满足三方需求的基础上进行针对性招生。企业的需求是招聘公司急需的高素质、技能型人才，增强公司竞争实力，推动公司快速发展。院校的需求是实现专业育人能力的增强。学生的需求是，一方面获得专业的技能，成为技术性人员；另一方面顺利就业，并成为某一行业的管理者。校企的共利性原则要求，在招生的过程中，校企需要在了解整体行业大趋势的前提下，结合本校与企业实际教学以及生产水平的条件下，制定合理的人才培养目标，并将目标进行细化，明确人才培养的类型，如应用型人才、技术人才、管理人才等，并在此基础上，与具有意向的学生沟通，了解学生实际的从业意向，将学生的这种意向与校企制定的人才目标相匹配，最大限度地凸显共利性原则，实现校企生三方的互惠共赢。

3. 精准性原则

精准性原则是指以招生目标的精准性制定为核心，综合考虑各方面因素，实现招生目标制定的精准性和实效化。具体来说，从宏观角度来看，校企需要精准把握本行业未来的发展趋势，即要了解与本行业相关的各项国家政策、文件精神的同时，为企业的发展寻找“新”的突破口，为学生（学徒）设计精准的培养目标。从微观角度来看，校企需要了解双方在现代学徒制培养中的优势和不足，在可以进行互补的状况下，设定相应的人才培养目标，选择针对性的人才，提升招工、招生的精准性。对学生而言，校企需要通过沟通的方式了解学生对未来职业的期待，以及他们的优势和不足，真正以学生的优势为着力点，选择与实际生产需要相匹配的学生。总而言之，在招生精准性方面，校企需要从宏观和微观两个角度入手进行招生目标的制定。在降低成本的基础上，提高人才培养的精准度，即在学徒开展的招生环节中进行有效筛查，增强校企人才培养的精准性。

（三）“共招生”的形式及注意事项

1. 招生的主要形式

（1）线上招生。校企可以通过线上宣传的方式，消除传统招生中的时空局限，让学生通过网络了解本校现代学徒制开展的状况，包括学习（学徒）内容、师资力量、设备条件以及未来的就业方向等。在线上招生的过程中，校企需要注意以下三点内容，如图 3-1 所示。

①真实性。线上招生的真实性主要体现在两方面。一是校企信息的真实性。校企双方需要在线上登记真实的企业信息、学校信息，增强学生与校企之间的信任感。二是学生信息的真实性。为了保证学生信息的真实性，校企可以设定相应的登录程序，即让学生输入相应的登录码，在确保学生信息真实性的前提下，保障其信息安全。在保证校企生三方信息安全的前提下，为后续招生工作的开展提供必要的信息前提。

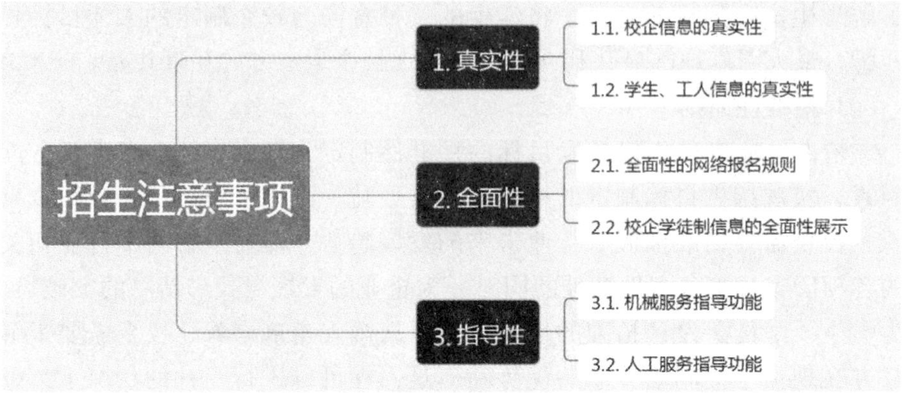

图 3-1　线上招生注意事项

②全面性。校企在线上招生的过程中需要落实全面性原则，既要构建全面性的网络报名规则，又需实现现校企现代学徒制信息的全面展示，让学生更为全面地了解现代学徒制及其配套设施的情况，比如其中的岗位设置、实习条件等。在全面性网络报名的过程中，校企可以开展多种网络沟通形式，比如微信公众号、微博、院校门户网站等，让学生结合个人的网络运用习惯，灵活选择相应的报名方式。在现代学徒制信息的展示上，校企可以从多个方面展示人才培养的实力，比如现代学徒制开展的专业（其专业为学校的“龙头”专业）、现代学徒制开展的条件（包括师资条件、教学设备、教学场地等）、现代学徒制未来从事的岗位（包括针对性专业的技术岗和管理岗）。通过全面性展示招生的方式，以及展示校企现代学徒制方面的实力，校企可以最大限度地吸引更多的优质人才，创造“优中选优”的条件。

③指导性。在浏览相应的招生以及招聘信息时，学生可能会产生各种各样的问题。针对这种状况，校企需要从两方面进行线上指导。第一，设置多种机械服务指导功能，其主要是用于非工作时间中的学生问题的解答。校企一方面可以在网站上设置相应的问题引导栏，让学生通过此栏回答个人在报名中的疑虑；另一方面可以在网站上设置机器人活动模块，即设置跳出的机器人互动网页，让学生在与机器人的对话中获得问题的解答，尤其是针对一些报名流程的解答。第二，设置多种人工服务指导功能。校企可以在网站上设置人工服务对话框，让学生通过与在线客服进行面对面交流的形式，解决学生在选择现代学徒制岗位、报名流

程等方面的问题。与此同时，校企可以运用VR技术进行人工服务沟通，让学生走入其中，感受校企联合构建的实习基地，“真实”地观看现实场景，激发他们参与的兴趣。

（2）线下招生。除了进行线上招生外，校企可以进行线下招生，组织多种形式的招生活动，在扩大校企社会影响力的同时，吸引更多的学生积极参与现代学徒制，为挑选优质生源创造条件，促进现代学徒制人才培养质量的提升。

①企业历史荣誉+专业展示。为了将更多优质学生纳入校企合作的现代学徒制人才培养中来，校企可以从企业历史荣誉以及专业展示两方面介绍，让线下的学生看到校企双方的实力。首先，企业历史荣誉。在企业方面，企业可以介绍销售额，尤其是历年的销售利润，让学生通过数字感受企业的实力。在学校方面，学校可以介绍本校企合作中的优秀人才，尤其是他们的就业前景，包括岗位升迁，让学生看到未来职业发展的优势，积极地报名。在校企联合方面，校企可以展示应届的学徒工，尤其是这部分人在国家级、省级大赛中的获奖情况，让学生看到现代学徒制人才培养的优势，消除后顾之忧，吸引更多学生积极报名参加现代学徒制的学习。其次，专业展示。在专业展示的过程中，校企可以挑选往届、应届的学员参与专业能力的展示，并通过简单的展示，让更多的学生、家长看到现代学徒制在培育人才方面的实效，促使学生踊跃报名，为校企人才培养挑选出更为优质的“新苗儿”。

②电话邀访+实际参观。第一，电话邀访。校企招生部门可以通过学生在线上登录的真实联系信息，进行针对性的电话回访，一方面解决学生在报名时的顾虑，另一方面了解他们的综合素质以及实际专业能力，近一步发现优质生源，并进行阶段性的回访，向他们发出实际参观的邀请。第二，实际参观。在进行实际参观的这一阶段，校企招生部门需要与对应的实训基地以及负责人联系，沟通具体的参观内容，比如参观本校的实训基地、教学场所等。更为重要的是，为了让学生了解现代学徒制文化，加深其对实习基地的了解，校企招生部门可以与企业中的人力部门协作，制作有关校企基地的各种优势信息，比如从师资构成、学员就业率、专业化水平等，让学生在实际参观的过程中感受到校企双方的实力，让他们积极、主动地报考。与此同时，校企招生部门可以鼓励参观的学生

介绍学校给他们的朋友、同学，扩大本校的社会影响面，吸引更多学生。

③会议营销 + 讲座宣传。会议营销主要是借鉴销售产品的思路，即将招生分成三个阶段，分别是会议前、会议中以及会议后。值得注意的是，在会议中，校企招生部门可以引入讲座机制，让到会学生产生更为强烈的报名欲望。在会议后，招生部门需要再次对到会学生进行筛选，找到综合素质高、参与性强的学生。

第一，会议营销。首先，会议前。在会议前，校企招生部门可以从两个角度搜集学生存在的问题。一是运用大数据。校企招生部门可以运用大数据统计学生在登录网站时经常存在的问题，以及问题解决的状况，并分析学生提出这些问题的根本原因，进行针对性、集中性解答。二是与在线客服沟通。校企招生部门可以与在线客服沟通，一方面了解浏览网页的学生的生源素质；另一方面把握学生关注的核心问题，并分析产生这些核心问题的根本原因。通过大数据分析以及沟通的方式，对学生进行深入了解，使后续的会议工作开展更具有针对性。其次，会议中。在会议开展的过程中，校企招生部门通过对学生在择校过程中存在的问题进行针对性汇总，并在此基础上，设定具有针对性的会议选题，一方面调动与会学生的兴趣；另一方面也让他们更为全面、深入地了解现代学徒制及其具体的人才培养方式，加深对职业院校以及未来就职企业的认识。更为重要的是，在会议的过程中，校企招生部门可以重点开展讲座活动，即针对性解决学生在招生中的问题，增强他们对学校和企业的信心。最后，会议后。在会议结束后，校企招生部门一方面可以通过与会学生提问的具体内容，了解大部分学生对现代学徒制的态度；另一方面通过让学生填写相应表格的方式，即让学生回答对企业的看法、个人的认识以及个人未来职业观等，对学生进行深入了解，挑选出适合现代学徒制的学生。

第二，讲座宣传。首先，讲座主题的确定。校企招生部门可以综合分析线上学生探寻的问题，以及线上人工客服回答的问题，并进行针对性问题的归类和分析，找准讲座主题。更为重要的是，校企招生部门可以让相应的教学专家参与会议主题的研讨，甚至是与线上人工客服进行沟通，了解学生实际关系的问题以及存在问题的原因，确定相应的与会主题。其次，讲座教师（师傅）的选择。在讲座成员的选择上，校企招生部门可以结合具体的问题以及学生的实际状况，灵活选择相应的讲座成员，即设置不同年龄层次的讲座成员，更好地与学生进行针对性沟通，解决学生在择校中出现的具体问题，促进教学工作的顺利开展。最后，讲座的互动交流。在针对性讨论的过程中，校企招生部门可以组织讲座专家组与参与的学生进行针对性讨论。尤其是，校企招生部门的工作人员可以记录学生在会上经常提出的问题，并组织专家进行讨论，通过与会交流的方式，找准学生问题的集中点，并进行针对性解决，使学生在与专家的沟通中，增强对现代学徒制的理解，加深对学校和企业的认知，让学生在对企业和学校树立自信的过程中，更为积极地投入择校的报名中，提升本校的招生率和质量。

2. 招生注意事项

在招生的过程中，校企生三方需要考虑的问题如下：

（1）学校注意事项。对于学校而言，院校需要考虑三方面的问题。首先，以安全为首要。在现代学徒制的推进中，院校必须保证学生的安全，提前进行相应的入职培训，将可能发生危险的概率降到最低。其次，院校在招生的过程中，应保证学生所学专业与现代学徒制中的专业相对应。最后，院校需要考虑招生投出与产出之间的比例，在最短的时间内找到最为合适的学生，减少招生成本。

（2）企业注意事项。对于企业而言，企业在招聘过程中应注重与学生沟通，在全面了解学生性格和优势的过程中，判断学生在职业过程中的稳定性，选择性格成熟、认真负责、忠诚度高的学生，将他们打造成支撑企业未来发展的栋梁。在降低企业成本的同时，提高招工的最大效益。

（3）学生注意事项。对于学生而言，学生需要考虑以下三方面的问题：问题一，校企合作实力。学生在择校时需要综合考虑校企合作实力，通过网络、实地考察以及与该校毕业生交流等方式了解该校的实力，谨慎选择相应的学校。问题二，薪资与发展。学生在择校的过程中，需要考虑校企之下现代学徒制的薪资待遇，尤其是未来的发展方向，以及是否可以学到真本领。问题三，文化认同。学生通过参与专家讲座、线上交流等形式，可以加深对企业文化的认知，思考企业文化与个人价值观的匹配度，选择适合自己的学校。

总而言之，在招生的过程中，校企招生部门需要考虑校企生三方的利益所在，平衡好三者的利益关系，在招生的过程中以最大限度维护三方利益为依据，开展针对性的招生工作，激发校企参与招生的积极性，让学生更为积极地投入招生中，获得良好的招生效果。

二、校企协作部门“共培育”

（一）校企共育的常见模式

校企可以结合自身的情况，灵活选择对应的合作形式，在充分发挥各自优势的同时，兼顾学校的育人性以及企业的营利性，培养高素质的专业人才，达到双赢的目的。在此，笔者运用如图 3–2 所示内容，对常见的校企共育模式进行简要介绍。

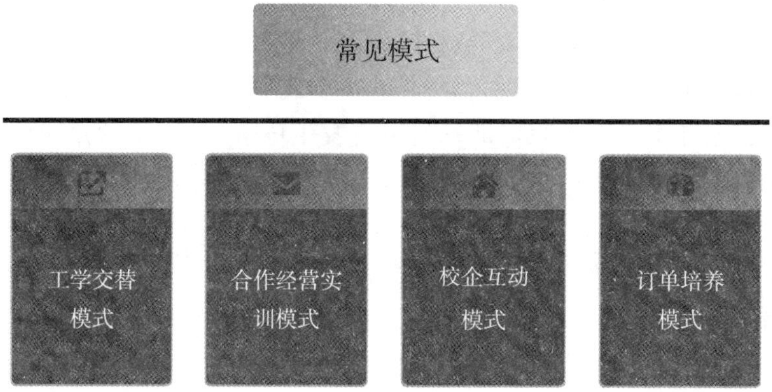

图 3–2　校企共育的常见模式

1. 工学交替模式

工学交替模式通常有两种比较常见的形式。第一种形式，学生在一段时间内学习理论知识，在另一段时间内学习实践知识。例如，10 周或半年的时间在企业做学徒（工作），10 周或半年的时间在学校学习。第二种形式，学生进行全天性的实践，只有在课余时间进行针对性的理论学习。例如周一至周三在企业做学徒（工作），周四至周五在学校学习。这两种方式的优势在于，学生可以将理论与实践知识学以致用，最大限度地提高综合实践能力。在学生毕业后，校企开展双向选择原则，即学生可以自主选择其他企业，也可以选择接受培训的企业。这种模式有利于企业在有限的时间内选择更多的优质人力资源。

2. 合作经营实训模式

合作经营实训模式是一种实现校企生三方共赢的现代学徒制模式，其中的三方共赢主要体现在以下三点：首先，对于企业而言，企业可以运用学校的各项培训条件，比如实训设备、场地等，对所招学生进行针对性培训，有效获得学校教师的帮助，促进实训顺利开展；在培养精准性人才的同时，也有利于降低企业的各项成本，比如场地成本、人才培养成本等。其次，对于学校而言，学校可以充分运用企业的各种优势，比如，企业师傅的技术优势、企业的设备优势等，在减少学校教育成本的同时，丰富学校教师的教学视野、手段，促进本校综合教学能力的提升。最后，对于学生而言，学生在学校实习的过程中可以掌握基础性的理论和实践知识，在企业学徒的经历中巩固、深化校内所学知识，并形成熟练的、专业的技术、技能。

3. 校企互动模式

校企互动模式的运行机制由三部分构成。首先，校企双方共同构建校外实训基地。其次，企业派遣专业的人员到基地，开展针对性的人才培养。最后，企业开展针对性考核，以考核的结果为依据，并遵循学生的意愿，进行企业与学生的双向选择。校企互动模式的构建，一方面运用了学校在培养人才方面的优势；另一方面有利于企业进行优秀人才的选拔，还能满足学生的就业需求。值得注意的是，此种现代学徒制授课模式具有一定的局限性，即不能满足所有专业的人才培养需求。

4. 订单培养模式

订单培养模式是一种由学生、企业与学校共同签署的委培用工培养协议。学生在完成学业后，方可进入与学校合作的企业就业，此种模式又被称为冠名班、委培班。在订单培养模式中，学生不能存在“以逸待劳”的思维，而是要参与学校以及企业的各项考核。学生在考核合格后，方可进入相应的企业实习。这种模式可以最大限度地激发学生的上进心，让他们更为积极地投入理论与实践的学习中。

（二）校企共育的构成形式

1. 签订协议

校企共育部门可以通过签署针对性《管理办法》的形式，对学校、企业以及学生行为进行有效约束，明确三方的权利与义务，提升整体的现代学徒制管理质量。具体来说，笔者着重分析以下对三方权限的限制。

（1）企业方。作为校企合作中的企业，需要对其进行以下行为的约束：首先，培训内容和时间。在进培训内容和时间的选择上，企业需要与学生协商，综合考虑学校教师的教学能力以及学生的实际学习水平，立足本企业的发展实际，设置相应的培训内容，合理安排与培训内容的时间，促进企业培训活动与学校活动的协调开展，形成有效的企业实习与学校学习之间的合力，实现校企合作效益最大化。其次，培训平台和环境。在确定基本的校企合作实训内容后，企业必须为学生提供实习所需要的各种客观场所、设备，并严格按照培训的内容进行相应的培训和实习，严格禁止内容之外的工作，确保学生的权益不受损失。除此之外，在平台的构建上，企业需要保障学生的安全：一是工作环境的安全；二是学生在工作中的安全。在具体的工作前，企业有必要对学生进行安全培训，尤其是对季节性安全事件进行培训，比如定期在春秋季节开展防火培训等，最大限度地保证学生在实习过程中的安全。

（2）学校方。院校除了要进行专业性理论和实践知识的教学外，更要注重对学生进行思想方面的教育，尤其是进行对学生进入企业后的各种思想教育。具体来说，院校可以从以下几方面入手。

首先，加强对学生的心理教育。院校可以提前组织学生到企业进行实习，或是邀请企业一线工作人员进校讲座，让学生更为全面地了解工作场景、工作制度等，让他们从心理上做好进入企业的准备。

其次，加强思想教育。院校可以邀请企业的一线员工参与学生的思想教育，尤其是让学生在进入企业前学习必要的管理制度和规则，在认识学习这些规则必要性的前提下，更加积极地遵守相应的规则。

再次，加强学生的保密意识。院校有必要对学生进行保密意识的培训，让他们意识到技术秘密以及商业秘密保护的必要性和重要性，使学生在维护公司权益的同时，更要加强个人的保密意识。

最后，加强学生的沟通教育。在学生进入企业实习前，院校有必要加强学生的沟通教育，让他们掌握相应的沟通技巧，即在出现问题时，及时向学校反应，不能与一线员工产生肢体冲突，以保证企业实习的有效进行。

（3）学生方。学生在企业学徒期间，首先需要主动了解现代学徒制中的所学内容以及培训时间，在正式培训前做好相应的准备工作。其次，学生需要按照现代学徒制中规定的内容和任务进行针对性的学习，并接受企业师傅的安排，保质保量完成相应的现代学徒制任务。最后，学生作为企业学徒期间，既要遵守国家相关的法律法规，又需遵守企业方面的规章制度，形成良好的工作行为习惯，促进学徒工作的顺利开展。

2. 设置课程

本书中的课程设置的重点是从岗课对接入手，一方面让学生学习专业性的理论知识；另一方面为学生构建相应的岗位学徒实习条件，并对学生进行思政教育和实践工作的指导，让学生可以真正学以致用，促进他们岗位综合能力的提升，促进高效现代学徒制人才培养质量保障体系的构建。在具体的实践过程中，校企共育部门可以参照以下的方法：

（1）优化课程内容。校企共育部门在优化课程内容的过程中，需要从新内容和旧内容两个角度入手。在旧内容方面，院校需要遵循留优去劣的原则。在具体旧内容的存留上，院校可以与企业协商，在充分考虑学校教学实际以及企业生产需要的基础上，对内容进行针对性的选择，让学生掌握具有实际效用的内容，及时摒弃与实际生产需要不符的内容，实现课程内容在现代学徒制开展中的减负增效。在新内容的引入方面，院校可以遵循贴近实际、增强实效的原则。一方面与企业一线技术人员商讨，适时地引入一些贴近岗位工作需要，却在课程内容中没有出现的专业性理论和实践知识；另一方面结合学校以及企业的实力，适时地引入与新增加的专业内容相关的实训设备，为学生提高专业能力创造客观条件。总而言之，通过对现有教学内容进行优化，院校可以让学生切切实实地掌握具有实用性的理论知识以及实践技能，促进他们综合实践能力的提升，以更好地适应未来的企业生产实际。

（2）丰富授课形式。在现代学徒制的开展过程中，校企共育部门可以结合实践的难易程度，让在校教师以及企业师傅合理把控授课形式，在丰富授课形式的同时，促进学生专业操作信心的构建，提升他们的专业化水平。具体来说，以企业实习为例，企业师傅可以根据具体实训内容的难易程度设置相应的授课形式。

针对一些较为简单、无危险性的实训内容，为了培养学生的实训自信心，企业师傅可以让这部分学生先操作，在操作中自主分析存在的问题，真正在用心思考解决这些小问题的过程中掌握相应的操作技巧，促进学生自信心的树立。

针对一些较有难度的内容，企业师傅可以采用边指导、边实践的方式，让学生在企业师傅的启发下，逐渐掌握操作过程中的关键性操作步骤，并在实践的过程中逐渐掌握这些技能，促进学生操作规范意识的形成。更为重要的是，在此部分实践中，企业师傅可以运用口传心授的方式，教授学生一些课本中没有，且又非常实用的实践知识，促进学生专业能力的提高。

针对一些有难度的实训内容，企业师傅可以采用先示范、后指导的方式，即先操作，着重讲授其中的要点，并通过与学生互动的方式，强化他们对此部分重点实践知识的理解，为后续更为高效地进行实践活动创造条件。在示范结束后，企业师傅可以采用让学生边实践、边指导的方式，让他们逐步掌握相应的操作技能。

总之，在丰富授课形式的过程中，校企共育部门需要为企业师傅以及学校教师提供灵活掌握实践教学的空间，让他们充分发挥教学的创造性和积极性，为学生打造良好的实训模式和环境，促进学生综合技能的提升。

（3）开展综合考核。校企共育部门可以从理论以及实践两个角度入手。在理论内容的考核方面，校企双师在相互协商的前提下，合理控制学校理论内容以及企业理论内容之间的比例。在实践内容设定的过程中，企业需要在此过程中发挥主导作用，并通过与学校教师沟通学生的实际实践表现，进行针对性的实践考核内容的选择。在确定理论和实践考核的内容后，校企共育部门需要深入研究学校教师以及企业师傅在考核分值中所占的比重。笔者结合个人的经验，表述对此的看法。在理论考核的过程中，教师与师傅所占的比例为 4 ∶ 6；在实践考核的过程中，教师与师傅所占的比例为 3 ∶ 7。通过进行综合性的考核，校企共育部门一方面可以了解学生在理论学习中的状况，借助企业师傅以及学校教师的力量分析造成这种状况的原因，并制定具有针对性的策略，促进校企合作的顺利开展，提升学生的综合技能水平，实现现代学徒制人才培养质量保障体系效益的最大化。

3. 完善制度

本节中的完善制度主要介绍的是双导师制度，即通过双导师教育制度的确立，校企教育部门可以让学校教师以及企业师傅明确个人的职责范围，更为确定相应教学内容的开展，让学生接受企业以及学校的双重指导，促进学生综合实践技能的提高，推动现代学徒制人才培养质量保证体系的完善。具体来说，主要从学校教师教育管理制度以及企业师傅教育管理制度两方面入手，具体执行思路可以参考图 3-3 所示的内容。

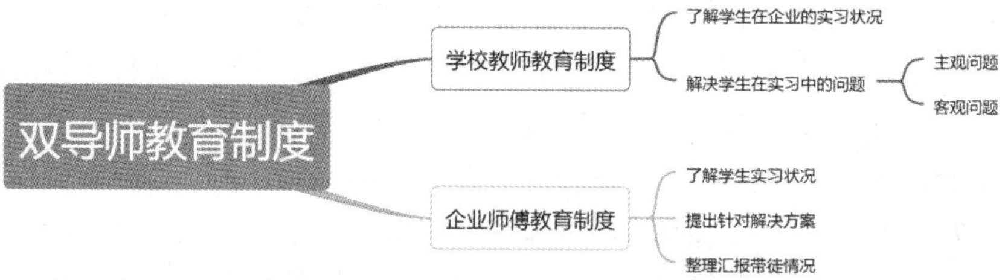

图 3-3 双导师教育制度

（1）学校教师教育制度。校企共育部门在学校教师教育管理制度的制定中可以从以下两方面着手。第一，了解学生在企业中的实习状况。院校教师需要与企业师傅商定具体的交流时间，在与企业师傅沟通的过程中，掌握学生在实习中存在的主观问题、客观问题。第二，解决学生在实习中的问题。院校教师在了解学生在主观以及客观方面存在的问题后，需要进行针对性解决。以主观问题为例，针对部分学生出现的无法与师傅处理好关系的问题，院校教师可以进行针对性的沟通技巧的指导，让他们联想个人与师傅相处的点点滴滴，自觉找准沟通存在的问题关键点，并进行相应问题的分析与改正，促进学生沟通能力的提升。在处理客观问题上，教师除了需要与企业师傅进行沟通，搜集学生的实训问题外，更为注重通过搜集学生在理论以及实践方面的考核成绩以及存在的问题进行针对性思考，并与企业师傅进行相应的沟通，合理调整校企合作中的现代学徒制的工作内容以及具体的学习方式，借助企业师傅与校内教师的合力，解决现代学徒制实施过程中的问题，促进现代学徒制人才培养质量的提升。

（2）企业师傅教育制度。在构建企业师傅教育制度的过程中，校企共育部门可以从以下角度入手。首先，了解学生作为企业学徒的状况。

企业师傅在实习的过程中，需要了解学生的实际状况，可以通过线上、线下会议的方式了解学徒的实际工作状况，了解学生在实际中存在的各种问题，尤其是在实习过程中存在的心态问题。其次，提出针对性的解决方案。在了解学生的实际问题后，企业师傅可以与学徒进行深度沟通，分析他们在具体学徒工作中的问题，并进行针对性指导。比如，针对个别学生看到同时期其他学生可以上岗工作感到心理不平衡的问题，企业师傅可从三点入手：第一，与学生沟通，了解他们的心理状况，并进行针对性的心理疏导，让学生平复心态。第二，与可以上岗学生的企业师傅沟通，了解学生可以上岗的具体原因。通过和上岗学生以及师傅的沟通，了解学生的实习经历。第三，企业师傅可以将其他学生上岗的原因告诉给存在嫉妒心理的学生，并督促其认真实习，在不久的将来能够上岗。最后，整理汇报带徒情况。企业师傅可以以月为单位汇总带徒情况，并突出反映带徒的共性问题以及解决策略。更为重要的是，企业师傅可以通过汇报带徒情况的方式，获得专业人士的指导，促进个人带徒能力以及专业讲授知识能力的提升。总之，通过构建企业师傅教育制度，校企共育部门一方面可以让企业师傅的工作更为规范，另一方面能够促进企业师傅综合教育能力的提升，为推动现代学徒制人才质量保障体系的构建奠定良好的师资力量基础，促进院校学生专业能力的提升。

4. 搭建资源

受到“互联网＋”行动计划、“两化深度融合”的影响，校企共育部门在开展现代学徒制人才培养质量保障体系的构建过程中，可以借助互联网的力量，即充分运用互联网、大数据以及云计算开展相应的校企合作中的教学数据建设，有效利用校企合作企业云平台的全国性网络优势，打造具有本校特色的现代学徒制课程服务窗口，搭建“行业垂直互联网”的课程资源新模式。

笔者在此对行业垂直互联网进行简要介绍。行业垂直互联网既是一个集交流性和创造性于一体的新型行业知识平台，又是一个资源配给平台，主要用于实现企业与人才的对接、全球行业资源的调动等，在很大程度上是对传统企业架构的颠覆，以智能联结的方式实现不同行业的跨界创新。在实际的运用上，笔者从网络文化知识平台的角度构建现代学徒制课程资源。具体来说，笔者主要从以下几点着手。

（1）运用网络平台的交流性特征，构建现代学徒制课程资源。校企共育部门可以运用云平台的开放性和共享性进行课程资源的建设。在共享性方面，此部门可以搭建课程交流平台，让在校教师以及企业师傅进行课程建设方面的交流，以此平台为桥梁引入具有前沿性的专业知识，让现代学徒制课程的构建具有实用性、理论性以及前瞻性。在开放性方面，校企共育部门可以组织学校教师以及企业师傅与开展现代学徒制教学的兄弟院校教师进行交流，积极学习他人的经验。

（2）采用虚拟化平台，搭建产学研融合课程。校企共育部门可以运用云平台搭建产学研相融合的课程体系。在生产方面，校企共育部门搭建虚拟仿真实训平台，充分运用数字媒体技术，让在校学生、企业师傅以及学校教师融入相应的场景中，开展虚拟现实性的生产模拟，打造信息化与工业化相融合的现代学徒制课程模式。在学习方面，校企共育部门可以搭建现代学徒制的交流平台，促进学生与学生、学生与教师、学生与师傅、师傅与教师等方面的沟通，让学生通过云平台解决个人在学校学习以及企业实践中存在的各种问题，促进他们综合专业水平的提升。在研究方面，校企共育部门可以充分运用此平台，探索将学生想法转化为工业成品的路径，并组织企业师傅、院校教师以及本行业专家进行针对性沟通，探讨将想法商品化的方式。尤其是在文创产品方面，校企教育部门可以采用此种云平台，打造网络化的研究模式，促进文创产品的商业化。校企共育部门通过借助云平台，搭建产学研相结合的课程体系，让学生借助网络优势开阔眼界，让教师与师傅在平台的交流过程中解决现代学徒制人才培养中的问题，提升现代学徒制人才培养整体的质量。

总而言之，在进行现代学徒制人才培养质量保障体系的建设过程中，校企共育部门可以运用云平台中的行业垂直互联网，构建出集交流性、共享性以及研发性于一体的现代学徒制课程，让学生在实训的过程中学习到最前沿的知识，拓宽视野，促进他们综合技能的提升。

（三）校企共育的具体落实

院校是培养高技能人才的重要基地之一，要深入学习《教育部关于开展现代学徒制试点工作的意见》（教职成〔2014〕9号）以及《教育部办公厅关于全面推进现代学徒制工作通知》（教职成厅函〔2019〕12号）

的精神，在校企深度合作的过程中积极推进现代学徒制，推动产教融合的深化，探索出一条最适合我国教育的现代学徒制人才培养质量保障体系的道路。在具体落实上，院校可以与企业联合，可以着重从以下四点入手。

1. 共建大师工作站，助力企业技术攻关

为了解决企业在发展过程中的技术问题，院校可以与企业成立技能工作站，一方面可以充分运用本校的高技能优势，结合企业的需求设置相应的攻关团队，派遣本校优质的教师、实习学生组建学校师徒团队，重点解决企业在发展过程中“卡脖子”的问题；另一方面让企业为院校技术攻关提供相应的配套条件，比如仪器设备、办公场所以及资金等。总之，通过技能大师工作站，院校在科研方面可以获得更多的资金支持和配套设备的援助，促进了本校综合科研能力的提升。企业借助院校的科研力量进行技术攻关，尤其是“卡脖子”问题的解决促进了企业的良性发展。

2. 积极推进现代学徒制，助推企业转型升级

在现代学徒制推进的过程中，落实招生即招工；入校即入厂；校企双师联合育人。在具体的双师联合育人过程中，校企双方可以充分运用学校指导教师以及企业指导教师的优势，立足实际的学校教学以及企业的生产状况，构建新型的“送教下车间，送教进企业”的学习形式，注重实现“教室教学＋车间教学”的有效互动，满足学生技能提升、企业生产发展以及学校育人的三重需要，真正打造以专业岗位技能训练为纽带、高技能人才培养为核心、院校教师和企业师傅双重指导为支撑、学校和企业共同发力的现代学徒制模式，培养出集技术性、知识性以及创造性于一体的复合型职业化人才，助推企业的转型升级，为产业的良性发展提供新鲜血液。

3. 共建生产性基地，推动校企合作的高质量发展

为了推动校企合作的高质量发展，院校在校企合作过程中需要落实共同招生招工、共同商议人才培养计划、共同参与现代学徒制课程开发、共同组建实习基地、共同进行平台管理的协同育人机制，共同培养高端工业技能人才，实现院校育人能力以及企业经济效益“双赢”的局面。校企育人部门如何落实上述理念可以借鉴以下两种方式：

（1）优化产学研生产方式。校企共育部门需要优化传统的师徒授课模式，注重从产学以及技术研发两个角度入手。在产学方面，校企共育部门在现代学徒制人才培养质量体系的构建中，可以落实做中学、学中做、教中做一体的原则，让学生在参与生产的过程中学习，在学习中参与生产，促进他们专业化技能的增强。在具体的落实方面，院校可以结合实际，灵活采用工学交替或是引厂入校的模式。在技术研发方面，校企共育部门可以在学校挑选优质教师和学生，在企业挑选专业技术较强的技术人员，共同组建技工攻关小组，让学生在教师以及师傅的双重带领下，更为积极地投入专业性、技术性的难关攻克中。在增强企业技术水平的同时，实现学生综合专业素质的全面提升，实现校企生三方共赢的局面。

（2）构建智能化实训基地。除了进行产学研方式的优化外，智能化实训基地的建设也是促进现代学徒制共育水平提高的重要因素。在智能化实训基地建设过程中，校企育人部门可以建设智能设备、机器人生产实训基地，充分借助企业以及社会力量，打造生产性技能人才实训基地，并与专业的智能制造企业合作，开展前瞻性的智能化实训课程，让学生在不同场景的实训过程中获得技术水平的提升，向社会源源不断地推送在新型电机、智能装备以及机器人方面的高技术专业性人才。

4. 开展订单化培养，满足企业人才需求

在进行现代学徒制人才培养质量保障体系的构建过程中，校企共育部门可以构建订单化的人才培养模式，以企业的实际发展需要为核心要点，为企业“量身定做”高技能人才。在实际的执行过程中，校企共育部门可以从图 3–4 所示的两点入手。

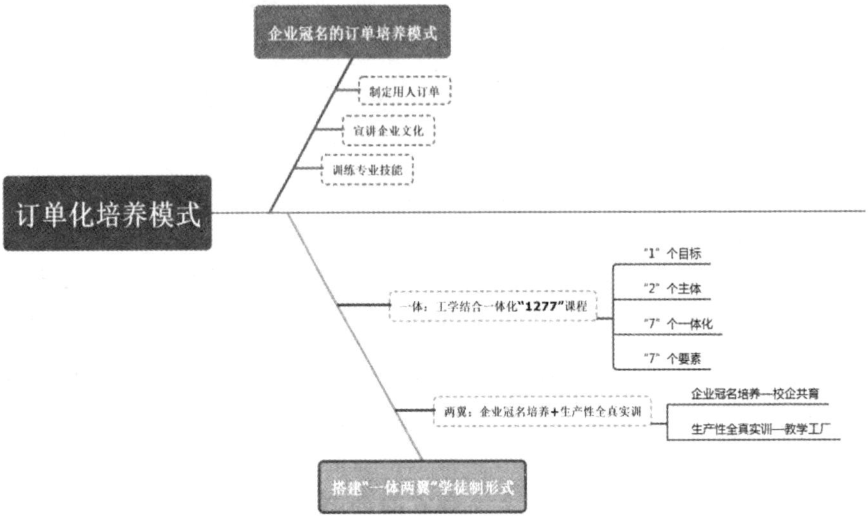

图 3-4　订单化培养模式

（1）构建企业冠名的订单培养模式。校企共育部门在构建企业冠名的订单培养模式中可以立足以下三点：首先，制定用人订单。在用人订单的制定过程中，校企双方根据个人的特性，寻找育人性与效益性的最佳平衡点，并在此基础上，确定人才订单培养目标、培养计划以及课程标准，决定现代学徒制人才培养的大方向。其次，宣讲企业文化。校企共育部门可以鼓励学校开展“企业大师进讲堂”的活动，让企业的管理层或是技术层讲授企业文化理念，让学生全面了解企业的文化，尤其是企业的发展史，最终目的是让学生认可企业文化，成为未来工作岗位中的企业文化践行者。最后，训练专业技能。在专业技能的训练过程中，校企共育部门可以运用“一体两翼”的现代学徒制形式开展。笔者会在下段对此类现代学徒制授课模式进行详细介绍。

（2）搭建“一体两翼”的现代学徒制形式。①“一体两翼”的内涵。“一体两翼”现代学徒制的构建目标是满足订单制人才的需要，满足企业对于职业性人才的精准性需求。“一体”是指工学结合一体化的课程建设。“两翼”分别是指企业冠名培养和教学工厂全真实训。与此同时，校企共育部门着重落实“三精”育人理念，即制作精品化产品、实现精细化育人、落实精细化服务，让校企协作的现代学徒制人才培养质量保障体系的构建落到实处，促进高质量人才培养体制的建设。②“一体两翼”

的构成。首先，一体：工学结合一体化课程。在进行工学结合一体化课程构建的过程中，校企育人部门需要落实实事求是、解放思想的思维。一方面立足于人才成长的发展规律；另一方面结合企业生产的产品以及现阶段掌握的生产技术，充分组织院校教师以及教学主任、企业管理层以及技术层、该行业的专家等进行深入研讨，构建具有工学结合一体化的“1277”课程。“1”是指一个目标，即培养满足企业生产需要的人才目标；“2”是两个主体，即以工学一体为主体、以学生为主体；“7”个一体化是指教学管理、教学组织、教学考核、师资队伍、课程内容、课程目标、课程理念的一体化；“7”个要素是指，以“双师型”为教学保障、以学分管理为考核形式、以过程性考核为评价节点、以行动导向为教学方法、以一体化教材为课程载体、以学习领域为课程类型、以工学一体为课程理念。其次，两翼：企业冠名培养+生产性全真实训。第一，企业冠名培养——校企共育。院校企业可以与多个企业联合，开办企业冠名班，通过企业管理进评价、企业师傅进课堂、岗位能力进课程、企业文化进班级的形式，落实校企共育。在实际的执行过程中，企业需要发挥主导性作用，以企业的实际发展需要为依据，引入工学一体化课程，遵循协同原则进行课程的开发，即由学校教师以及企业师傅共同参与课程的开发、教学资源的建设、学生的评价，在进行上述课程的探索过程中，将企业的效益性以及学校的育人性发挥到极致。第二，生产性全真实训——教学工厂。校企共育部门通过校企共同经营企业的方式开展生产性全真实训，构建生产性教学管理体系。校企应秉持共同育人的原则，着重进行教学环境管理、教学实施管理以及教学监管的管理。

在具体执行方面，院校可以派遣管理人员与企业人员共同参与实训工作的落实、沟通与协调，并依据现阶段企业产品生产的状况、教师的教学能力以及学生的实际水平进行针对性的设备引进以及实训基地建设。与此同时，校企共育部门可以分别派遣教师以及师傅，阶段性地参与实训工厂的生产实践。阶段一，院校教师掌握企业产品的生产方式。教师需要参与全真实训的过程中去，一方面为带领学生参与实训积累实践经验；另一方面以实训结果为依据进行学校实训课程建设。阶段二，院校教师在学校开展实训教学。在教师掌握相应的实训经验后，教师在企业人员的辅助下开展实训教学，充分运用学生比较适应学校教师教学的优势，最大限度地提升学生学习实践知识的效率。阶段三，学生参与生产。当学生在学校掌握相应的实训内容后，企业可以通过技能考核的方式了解学生的水平，并实现双选方式，让企业师傅与学生进行互选，组成“师徒对子”，深入开展现代学徒制，培养企业所需的高质量的技术性、知识性、创造性人才。

第二节 校企协作部门“共管理”和“共监督”

一、校企协作部门“共管理”

（一）校企生三方问题“共管理”

1. 校企开展现代学徒制之前需要处理的事宜

（1）完善协调保障机制，促进现代学徒制各项问题的有效性解决。为了避免校企生三方面临的各种各样的新问题，在现代学徒制人才培养质量保障体系构建的过程中，校企之间可以从企业的人力资源部门以及学校学生工作办公室抽出相应的人员参与第三方中间机构的构建。在实际的机构运行的过程中，第三方中间机构需要秉持协商沟通的原则和态度，组织学校和企业进行有效沟通。在具体的沟通项目上，第三方中间机构可以开展多种形式的沟通，其中包括具体的洽谈项目过程，前期的接洽、中期的谈判以及后期的落实与对接，保证信息反馈、沟通交流、项目推广以及信息发布活动的顺利开展。与此同时，在针对一些较难的沟通项目时，第三方机构可以引入新闻发言人制度的常态化沟通渠道与联系机制，灵活运用正式或非正式的沟通方式，就重点的内容，比如教育基地、校企合作课程等进行深度沟通，在满足各方利益的前提下，促进现代学徒制各项问题的有效解决。

（2）利用双师育人机制，让学生树立正确的“双身份”意识。除了进行校企双方矛盾的解决外，校企运用双师育人方式，让学生树立正确的“双身份”意识，在实际的学校学习、企业实习的过程中，及时发现个人在思想方面的问题，即通过“预演”的方式，让学生提前预知可能在实习过程中存在的问题，了解相应的解决方法，培养他们岗位问题的预测能力、发现能力和解决能力。促进各项现代学徒制背景下教学活动的顺利开展。为了达到这种目的，校企可以借鉴如图 3-5 所示的四点进行论述：

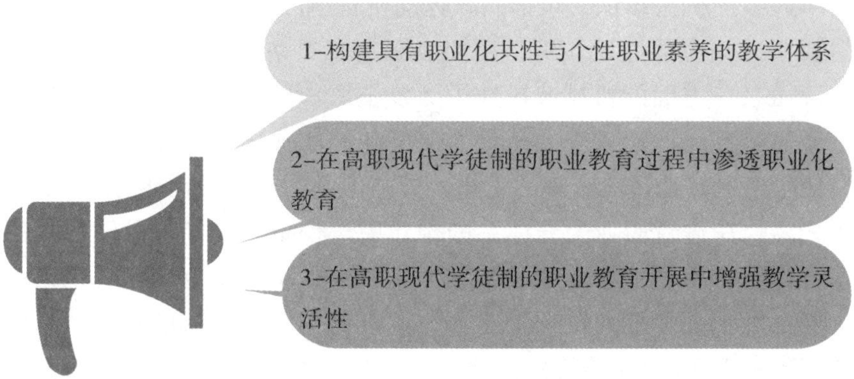

图 3-5　双师育人机制

①构建具有职业化共性与个性职业素养的教学体系。在构建职业素养教学体系的过程中，校企协作部门可以从具有职业化的共性与个性的双角度入手，进行职业素养教学体系的构建。

在共性职业素养构建的过程中，校企协作部门可以从学生沟通能力的培养、工作态度的端正以及守信意识的确立入手。在沟通技巧训练上，校企协作部门需要让学生在沟通过程中更为简明扼要，表达得更具层次化、条理化，从而实现高效的沟通。在工作态度上，校企协作部门应注重培养学生的耐心、细心、用心的品质，让他们在关键的工作细节上进行打磨，使学生真正从严苛的自我要求中获得技能的精进，促进其综合工作能力的提升。在守信意识上，校企协作部门应注重培养学生的契约精神，让他们做到“言必信，行必果”，使他们真正懂得负责的意义。总而言之，校企协作部门可以从沟通、态度以及守信三个角度入手，让学生逐步掌握相应的职场规则，促进他们良好职业素养的形成。

在个性职业素养的构建过程中，校企协作部门应注重从各个专业的特性入手。以汽车维修为例，院校学生需要具备吃苦耐劳、脚踏实地的精神。因为维修工作是一项体力消耗较大的工作，所以汽车维修人员在从事专业工作的过程中，往往需要长时间重复行同一个动作，造成腰酸背痛等情况。这需要从事该行业的维修人员具有较强的吃苦耐劳精神，并能够脚踏实地地分析相应的机械故障，促进维修问题的解决。除此之外，院校还要具备基础的机械液压知识。众所周知，汽车部件的构成较为复杂，学生需要具备多种机械以及液压知识。在机械知识方面，学生需要掌握多种机械知识，包括间歇运动机构、凸轮机构、平面连杆机构；还需要掌握相应的液压知识，比如液压基本回路、液压辅件、液压控制阀、液压泵等方面的机械液压知识。校企协作部门从学生的专业特点入手，通过个性化职业素养的培育，促进他们职业精神以及职业技能的提升，使学生更好地适应未来的工作，提高他们的岗位胜任能力。

总之，在进行职业素养体系的构建中，校企协作部门可以从共性职业素养以及个性职业素养入手，让学生一方面掌握一定的职场规则；另一方面逐渐形成专业化的职业素养，促进他们综合素质的提升，以更好地适应未来工作岗位的需要。

②在院校现代学徒制的职业教育过程中渗透职业化教育。在进行现代学徒制职业化教育的过程中，校企协作部门应着重从学校教学入手。具体来说，笔者提出以下四点建议。首先，营造校园氛围。校企协作部门可以在学校设置相应职业化教育的文化墙，让学生在耳濡目染中逐渐养成职业意识和素养。其次，加强课程建设。校企协作部门可以在学校进行职业化课程的建设，邀请企业中的人力资源主管参与职业化课程建设，注重从企业文化、企业规则的角度融入，让学生在学习专业课程的过程中，受到课程中相应案例主人公的品格的影响，逐渐养成良好的职业素养。再次，运用积分管理模式。在进行职业化教育的过程中，校企协作部门可以从学校的管理入手，让学校管理者与企业管理者协商制定相应的学生积分管理模式，一方面让学生在日常学习中逐渐形成职业化的行为规范；另一方面让他们更为积极地投入现代学徒制的学习中，逐渐养成遵守职场规则的习惯。最后，提高教师能力。校企协作部门应注重提高教师的职业能力，注重培训体系的建设，即：推动职教教师数字化学习平台建设；落实职业院校教师素质提高计划；打造高水平的职业院校教师培训基地；开展“职教国培”示范项目等，让教师在职业化综合教学能力方面获得全面提升，促进院校现代学徒制的职业化教育的渗透，促进学生职业意识的增强。

③在院校现代学徒制的职业教育开展中，需要增强教学的灵活性。

校企协作部门运用灵活多样的方式，促使学生尽快地树立正确的职业规则意识，培养良好的职业素养。一方面与学校的思政教育进行融合；另一方面与企业的职工生活相贴合，让学生在企业和学校中学习相应的职业素养。具体来说，在学校中，校企协作部门可以与协助学校，促进思政课程与职业化教育的融合，让学生在思政课程学习的过程中，更为高效地理解相应的职业品格，比如工匠精神、劳模精神等，并将这些优质的、具有新时代特性的职业精神融入企业实习中，促进学生职业素养的形成。在企业中，校企协作部门可以协助企业，即辅助企业组织各种与职业素养相关的活动，让学生融入其中。比如，辅助企业进行协作性活动的建设，让学生在与企业员工协作的过程中，逐渐形成团队合作意识，打造良好的企业工作环境，更为积极地融入工作中，增强学生的岗位胜任能力。总而言之，在进行现代学徒制职业教育的过程中，校企协作部门应注重增强教学的灵活性，从学校和企业两个角度入手开展相应的职业化教育，让学生树立健康向上的职业精神，提高他们未来的岗位胜任能力。

（3）以协调校企核心利益为手段推动现代学徒制活动的有效开展。在进行校企合作各项活动的开展过程中，校企协作部门需要秉持寻求校企双方利益最大公约数的原则。在本书中，校企核心利益最大公约数的主体是学生。在开展各项校企活动的过程中，校企协作部门一方面需要考虑企业的利益，让企业获得更多专业性的人才；另一方面需要保障学校的利益，让学生获得专业能力的提升。在找准校企核心利益点后，校企协作部门可以安排成立的第三方中间机构（此第三方中间机构在第（1）点的第一条中已提及），搭建校企双方沟通的平台，组织开展校企双方在现代学徒制人才培养质量保障体系核心问题的探讨，比如校企合作实训基地的建设、人才培养目标的制定、人才培养模式的制定等，促进校企现代学徒制各项活动的顺利开展。

2. 校企开展现代学徒制的注意事项

（1）校企生三方分别构建沟通联络部门，是为了将开展现代学徒制中存在的问题扼杀在摇篮里，或是避免问题影响的扩大化，校企协作部门在实际的协调工作中，可以构建校企生三方协调站。首先，在企业设立教师工作室。为了推动学校教学活动的开展，及时了解学生在企业实习中的问题，校企协作部门可以协助学校，让其在企业中设立教师工作室，学校教师通过与企业沟通，了解本校在理论、实训课程中存在的问题；学校教师通过与企业师傅进行针对性的沟通，促进自身综合职业化教学能力的增强，推动现代学徒制教学在企业中的顺利开展。其次，在学校设立工匠工作室。为了及时发现学校教学的不足以及有效推动企业生产活动的顺利开展，校企协作部门可以协助企业在学校设置工匠工作室，既可以让企业师傅指导本校教师的实训开展工作，又能与教师沟通，了解学生的学习状况，适时地对个人的带徒方式进行调整，构建最适合学生实际的带徒模式，有效解决企业师傅在带徒过程中存在的问题。最后，成立现代学徒制学生会。校企协作部门可以组织学生成立现代学徒制学生工会，为学生打造反映个人心声的平台，积极鼓励学生反映在学校学习中的困惑以及在学徒过程中遇到的困难，并让学生工会主席总结这些问题，定期向学校协作部门反馈，旨在通过学生工会的方式发现学生在双导师学习过程中存在的问题，制定相应的策略，及时解决这些真问题，促进现代学徒制人才培养质量的提高。

（2）建设现代学徒制的问题解决机制。①签署协议，明确责任主体。在现代学徒制人才培养质量保障体系构建的过程中，笔者发现出现问题的根本原因在于校企生三方边界不清、责任不明。针对这种状况，笔者认为校企协作部门可以通过第三方机构，搭建三方交流平台，明确在校学习、企业学徒过程中的校企生三方各自的职责，促进各项工作的顺利开展。除了通过明确责任约束校企生三方的行为外，校企协同部门逐步培养三方的大局意识，逐步渗透一方有难、八方支援的意识，让校企生三方在现代学徒制的开展中做到相互体谅、相互帮助，促进现代学徒制人才培养质量保障体系的完善。总之，笔者从硬性的签署协议以及柔性的大局意识、友爱精神两个角度入手，构建相应的现代学徒制责任模式，既激发责任主体的能动性，又以协作的思维让校企生三方有效团结，促进现代学徒制人才培养质量保障体系的良性发展。②立足主体，解决实际问题。主要包括两方面的内容。第一，主体层级的划分；第二，沟通形式的选择。校企协作部门一方面通过层级的划分，明确各个主体在现代学徒制中的位置以及所承担的责任；另一方面通过灵活多样的沟通方式，快速、高效地解决在现代学徒制中现有的、潜在的各种问题，促进现代学徒制活动的有效开展。为了更直观地呈现此部分内容，笔者运用图 3-6 所示内容理清此部分脉络，并在后面进行详细论述。

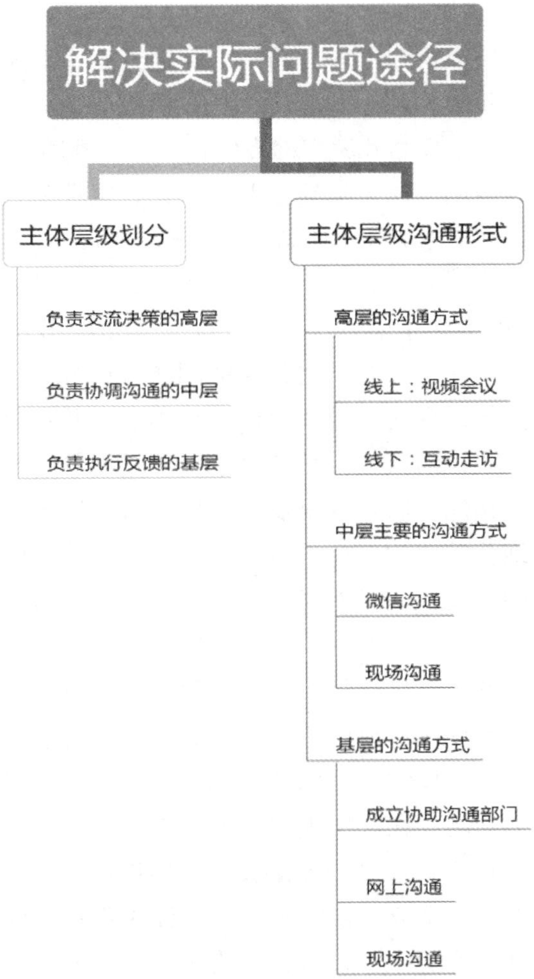

图 3-6 立足主体解决实际问题的途径

第一，主体层级划分。校企协作部门可以将现代学徒制中的主体划分成三个层级：层级一，负责决策的高层。由企业高层和学校高层组成。企业高层主要包括企业的董事长、总经理、副经理等；学校高层主要包括学院主管、财务副院长、学院院长。层级二，负责协调沟通的中层。中层是由企业和学校中的人员共同组成，其中的企业人员包括企业管理人员、企业人力资源部门的人员，而学校人员是由专业系主任以及专业课程骨干老师两部分构成。层级三，负责执行反馈的基层。基层主要是开展现代学徒制人才培养的一线成员构成，即企业师傅、学校教师以及学生。

第二，主体层级沟通形式。高层的沟通方式主要是通过不定期的线上和线下的形式进行沟通。在线上，校企双方的高层主要通过视频会议的方式，针对现代学徒制开展中的方向性、核心性问题进行针对性沟通；在线下，校企双方的高层可以通过互动走访、定期参观现代学徒制开展状况的形式，了解具体现代学徒制目标的执行状况。

中层主要的沟通方式为：其一，微信沟通。通过微信，现代学徒制中的中层人员可以通过文字、声音、视频等多种形式，定期进行现代学徒制集中问题的讨论，并制定相应的问题解决方案，让基层人员进行策略性落实。其二，现场沟通。中层中的学校以及企业人员可以通过定期现场沟通的方式，向双方汇报现代学徒制进展的情况、存在的问题及解决的方案等。在此之后，校企双方可以针对在实际落实上存在的具体问题进行更为细化的协商。在了解校企双方实际情况的基础上，灵活地进行相应问题的让步，适时地降低目标设定的期望值，促进最终问题的解决。

基层的沟通方式。在实际的沟通过程中，校企协作部门给予三者相应的权限，让他们针对在权限范围内的，可以自主进行解决；而在权限范围外的，可以让现代学徒制的基层成员进行逐层上报，及时解决现代学徒制推进中的问题。在基层现代学徒制人员的沟通过程中，校企协作部门可以采用三种方式。第一种，成立协助沟通部门，即在学校、企业中成立教师工作室；企业在学校中成立工匠工作室；校企在学生中成立学生社团（此部分内容上文已提到，在此不做赘述）。第二种，网上沟通。为了及时、高效地解决现代学徒制开展中的问题，校企协作部门让基层员工树立证据意识，即第一时间对出现的问题场景进行拍照，并采用“连问五个为什么”的思维方式，找出问题的根本原因，结合问题的具体情况及个人权限，决定问题处理的具体方案。第三种，现场沟通。此种沟通方式是最为有效的解决问题的方法。在实际生产允许的情况下，企业可以让教师以及学生共同参与生产，让教师通过直接观察的方式了解学生的表现，并针对他们在企业实习中存在的问题进行现场沟通，及时解决学生在生产过程中的问题，实现现代学徒制人才培养质量保障体系构建的良性发展。

（二）现代学徒制经费运用“共管理”

1. 我国在职业教育中的经费投入概况

随着《国务院关于加快发展现代职业教育的决定》（国发〔2014〕19号）的发布，我国在推动职业教育发展经费投入方面呈现连年增长的趋势。2014年，中央财政整合三大项目，即：国家级中高职业改革示范学校建设、教师素质提高计划、实训基地建设计划等，并设立相应的专项基金。同年，财政部、教育部联合印发了《关于建立和完善以改革和绩效为导向的生均拨款制度加快发展现代高等职业教育的意见》（财政〔2014〕352号），要求在2017年，生均财政拨款水平应当不低于12 000元。在2015年，财政部、人力资源部、教育部、社会保障部联合印发了《关于建立完善中等职业学校生均拨款制度的指导意见》（财政〔2015〕448号），该《意见》要求出台2016年底中等职业学校生均拨款制度，不断提高对职业院校的财政投入。2022年，人民网北京4月29日电，据财政部消息，财政部下达资金预算为52.76亿元，用于2022年现代职业教育质量提升计划，加上之前下达的金额，目前已经累计下达预算302.57亿元。可以看出，国家对职业教育的财政投入逐年呈递增趋势，这也反映出国家对职业教育越来越重视。

2. 现代学徒制经费运用“共管理”实际性举措

（1）学徒经费的来源以及支出范围。①学徒经费的来源。学徒经费主要来自以下四个渠道。一是政府，即政府财政专项经费拨款。二是学校，学校关于现代学徒制的专项经费。三是企业，试点企业提供的用于现代学徒制试点工作的经费。四是社会，即社会捐赠、教育基金，以及其他组织提供的现代学徒制试点的工作经费。②学徒经费的支出范围。其一，运行经费。运行经费主要是指为了保证现代学徒制工作正常开展而进行的一系列费用的总称，其主要包括对企业的考核评估经费、对项目的考核经费、校外专家论证费用、宣传费用、调研费用、交通费用以及会议费用等。其二，建设经费。建设经费主要包括四大项目：

第一大项目，学生花费。学校为了预防学生发生意外的情况出现，为学生在企业实习期间缴纳各种保险费用，比如意外险、工伤险、责任保险等。与此同时，学校为学生承担在工学交替过程中的各种交通费用及补助费用。

第二大项目，学校教师花费。学校为学校教师支出的费用包括，一方面是教师通过带徒获得的补助费用；另一方面教师需要交通、伙食以及住宿方面的补助。此外，还有部分费用花费在构建本校师资队伍的建设上。

第三大项目，企业教师花费。企业教师到本校所需的住宿、交通、饮食方面的费用，还有其余费用。进行技能名师工作室建设花费的各种费用，比如名师专项奖补费用、团队建设费用、大师培养费用等。

第四大项目，教学成本。教学成本主要包括四个方面。第一，课程费用。主要是在开展在线精品培训课程建设以及纸质教材建设中的花费。第二，基地成本。在进行实训基地建设以及设备引进方面的成本。第三，部门人员支出成本。主要是指参与现代学徒制人才培养质量保障体系中涉及各个人员的劳动报酬支出。第四，改革费用。在进行现代学徒制人才培养体系构建中的一系列改革费用。

（2）学徒经费的使用原则以及管理。①学徒经费的使用原则。首先，科学规划，合理安排。在进行现代学徒制费用的规划过程中，项目经费消费额不能超过现代学徒制费用总额的百分之五十。与此同时，在进行现代学徒制费用安排的过程中，校企协作部门需要遵循统筹管理以及经费审批的原则，将每一笔资金用到实处，见到实效。其次，责任清晰，规范管理。校企协作部门在运用现代学徒制费用时需明确责任，即：落实“谁使用，谁负责”的责任机制。在规范管理方面，校企协作部门需要构建相应的监管部门，监督每一笔资金的使用状况，并让资金使用者提供相应的收据，保证资金流向。最后，专账核算，公正公开。校企协作部门在进行资金核算的过程中，一方面坚持专款专算的原则；另一方面秉持公正公开的原则，即定期向校企双方公开年度经费预算和结算状况，保证校企部门在资金运用方面的公信力。②学徒经费的管理。一是，学徒经费的预算管理。在学徒经费预算管理的过程中，因为各个地区之间的经济发展水平存在差异，加之，各院校与企业的融合程度不同，所以各院校之间的学徒经费预算有所差异。在此，笔者着重以《某院校现代学徒制试点专项经费管理办法》为例，根据经费使用的对象划分为以下几种：

第一种，单向核拨经费。因为现代学徒制背景下各个企业项目推进的程度不同，所以各名师工作室的建设经费以及现代学徒制相关企业人员的费用有所不同。对此，校企协作部门可以结合具体的项目推进情况以及人员的工作情况进行单向核拨。

第二种，单独立项经费。针对一些现代学徒制试点企业与学校合力共建的实训基地，校企协作部门在确定校企双方承担的比例后，可以统一纳入单独进行的项目专栏，比如进行大型修缮和仪器设备的费用，成立单独立项经费。

第三种，课程改革费用。课程改革费用产生的原因是，现代学徒制的项目建设、工作运行的需要，继而产生的与之配套的课程费用，比如教材费、教研费以及课程费等。这也需要校企协作部门一方面研究现代学徒制项目建设；另一方面分析学徒项目建设中的课程建设的具体费用，既从宏观把握项目费用，又能精准确定课程费用，从而增强学徒经费运用的合理性。

第四种，学生学徒费用。校企协作部门在发放学徒经费的过程中，一方面要严格遵守政府以及学校有关文件办法的规定；另一方面需要严格遵循校企双方共同协定的经费程序，下达经费指标。保证每一年，每个学生的经费不低于 5 000 元。在试点企业的奖补经费预算与试点工作建设的经费方面，校企协作部门在第一年可以将每生每年的额度设置到 3 000 元。关于第二年的额度，校企协作部门可以结合具体的学生奖补以及保险状况，还有学校的财力进行重新核定，一方面可以激发学生工作的积极性，另一方面可以保证企业的营利性。

第五种，工作运行经费。校企协作部门在预算工作运行经费的过程中，可以采用固定项目定额加试点项目定额的方式。就现阶段而言，校企协作部门可以将固定项目定额的费用设定为每年 5 万，试点项目定额的费用设定为每年 0.5 万。

二是，学徒经费的支出管理。学徒经费的支出管理中，校企协作部门一方面要遵循国家在现代学徒制经费使用方面的财经法律规定；另一方面需遵循相应的学徒经费审批流程，还要保证学徒经费支出的合理、合规、合法、公开。具体来说，校企协作部门在学徒经费支出管理的过程中，需要遵循以下几点内容，如图 3–7 所示。

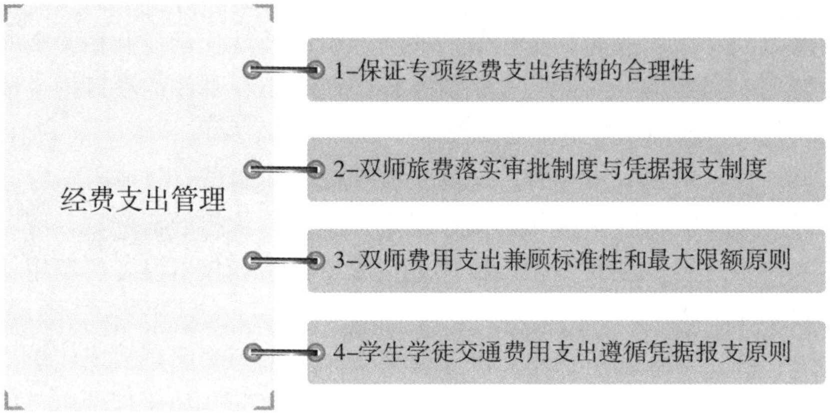

图 3–7　学徒经费的支出管理

第一点，保证专项经费支出结构的合理性。校企协作部门为了保障专项经费支出结构的合理性，一方面要做好专项经费计划，另一方面需落实审核和监督工作。更为重要的是，校企协作部门需要加强对学生学徒以及教师的考勤管理，有效进行支出预算，真正将总体的专项经费控制在合理的范围内，并按照相应的经费审核程序进行适宜的费用支出，保证专项经费支出结构的合理性。

第二点，双师旅费需落实审批制度与凭据报支制度。在进行双师旅费的专项经费的开支时，校企协作部门既要保证在经费支出过程中严格遵守事前审批制度，按照有关双师旅费管理办法以及充分规定执行，旨在合理控制开支比例和规模，又需落实凭据报支制度，保证双师旅费支出的规范性。

第三点，双师费用支出兼顾标准性和最大限额原则。校企协作部门在进行双师费用支出的过程中，既要遵循标准性原则，严格按照《现代学徒制项目指导教师的聘用和管理办法》，进行双师费用的支出；又需遵循相应的最大限额，在专项经费中保证每个试点项目的课时在每一学期的课时支出不能超过 10 000 元。此外，校企协作部门结合实际需要，尤其是双师的突出性表现，给予额外的补贴。在具体的补贴支出方面，校企协作部门要遵循校企有关现代学徒制的经费管理办法。

第四点，学生学徒的交通费用支出遵循凭据报支原则。关于学生学徒费用的支出，校企协作部门需要遵循凭据报支原则，在企业尚未为学生提供交通补助的前提下，适时地给他们提供针对性的交通补助。在实际的补助费用限定上，校企协作部门需要遵循每人每月限额不能超过600元的原则。更为重要的是，校企协作部门为了实现更为精准的学徒交通费用支出，一方面以学生的企业出勤为依据，另一方面结合学生提供的交通发票，并经实际审核后，进行针对性学生学徒交通费支出。

（3）学徒经费的审批流程及注意项。①学徒经费的审批流程。第一，审批数额及对应主体。校企协作部门的审批数额分成三段，分别是2万以下；2万到20万；20万以上。在2万以下，校企协作部门只要收到基层现代学徒制企业师傅以及学校教师双方签字即可批复（现代学徒制基层成员，包括企业师傅以及学校教师，但学生没有签署该项内容的权利。基层成员在此节中的第一大部分、第二小部分“（2）”中有提及）。经费在2万到20万之间时，校企协作部门需要接到中层校企双方相关人员签字即可批复。（现代学徒制的中层成员包括企业管理人员、企业人力资源部门人员，以及专业系主任、专业课程主任等）；经费在20万之上时，校企协作部门需要收到校企双方高层负责人的批复，方可同意批款。（高层负责人包括企业的董事长、总经理、副经理；学院主管财务的副院长、学院院长）。第二，学徒经费审批的流程。本节中的学徒经费审批流程一共包括三大部分。第一部分，针对低于2万的部分。基层主体即学校教师以及企业师傅同时签署《双师差旅费报销单》和《学院报销单》，并向中层主体上报上述报销单中的实施项目和方案，在中层主体同意后，方可获得校企协作部门的学徒经费审批。第二部分，针对高于2万低于20万的经费支出部分，基层主体需要经过中层的审批，在得到高层对基层实施方案的认可后，方可进行相应项目实施的学徒经费审批。第三部分，针对高于20万的经费支出部分，基层主体要先经过中层主体的审批，再经过高层主体的审批，在通过校企高层双方的深入研讨同意后，方可进行学徒经费支出。②学徒经费在审批过程中的注意项。学徒支出经费在审批过程中的注意事项有以下四点：第一点，基层主体提供的《双师差旅报销单》、会议纪要票、工作简报、验收单、招投标文件等材料具有真实性。第二点，基层主体不能支出本经费范围外的部分。第三点，基层主体的经费支出比例不能超出预算经费的25%。第四点，基层主体需要按照相应的学徒支出经费流程。假如未按照相应的流程，造成巨大损失的，由基层主体的校企教师共同承担。

二、校企协作部门“共监督”

（一）构建经费使用巡视监督制度

1. 落实“三查三看”工作专项巡视

在进行学徒经费工作专项巡视的过程中，校企协作部门可以引入“三查三看”模式。在“三看”方面，校企协作部门可以从三个角度切入。首先，观看学徒经费管理者是否重视。其次，观看具体的学徒经费是否落到实处。最后，申请学徒经费的项目书是否规范。通过以上三点，校企协作部门可以有效地对学徒经费进行监管。在“三查”方面，校企协作部门需要自查，即检查是否存在未按国家政策执行相应学徒经费的状况；检查基层、中层以及高层相关人员是否按照校企制定的经费申请程序进行；检查经费使用的整个过程，实现针对性的学徒经费的有效监督。通过运用“三查三看”模式，校企协作部门可以有效地实现对教育经费的有效监管，提升学徒经费有效运用的效率。

2. 构建长效性的学徒经费巡视机制

校企协作部门可以从构建长效性的学徒经费巡视机制入手，一方面结合现阶段的经费审批制度开展状况，适时地对此制度进行优化，减免原有不合理的环节，促进经费制度的有效落实；另一方面从短期巡视结果入手分析、解决现有学徒费支出制度的问题，比如支出款项、内容等，尤其是从监督角度入手，监督基层主体的经费实际落实情况。通过从制度以及现有问题两个角度入手，校企协作部门可以打造具有弹性化及实效性的学徒经费巡视制度，促进学徒经费的有效使用，实现现代学徒人才培养质量保障体系中经费项目的完善。

（二）建设全过程的监督监察机制

为了更为直观地呈现全过程的监督监察机制，笔者以现代学徒制模式下实训基地的建设为例。校企协作部门可以从实训基地建设全过程入手，进行监督监察机制的建设。首先，加强对实训基地建设项目的审计。校企协作部门可以从制定科学的项目预算程序入手，对基地建设的大概资金花费有一个整体性认知。其次，做好基地招标审计环节的审查。校企协作部门需要做好基地招标审计环节的审查，即重点从多个角度入手，即招投标环节的监督审计、招标草案审计等，并以同类工程造价为依据，对工程造价有一个整体性认知，更好地实现实训基地资金运用数量的监管。最后，加强对项目投资概算调整以及工程变更环节的监督审计。在项目施工的过程中，校企协作部门需要紧跟项目的开展，并着重观察项目计划之外的新变化，及时对这种新变化产生的费用进行预估，更好地监督学徒经费运用的变化状况，避免浪费或滥用学徒经费的现象发生。总而言之，在进行学徒经费运用的监督过程中，校企协作部门可以结合精力、时间以及具体状况，进行全过程性的现代学徒实训基地监督，保障学徒经费真正运用到实处。

除了进行人工监察外，校企协作部门可以运用科技手段进行监察，比如运用电子监察和遥感监察等，对校企实训基地进行检测，并及时对一些浪费建筑资源的行为进行监管，坚决避免浪费状况的发生，保证建筑资源的有效运用，最大限度地减少建筑原材料的运用经费。与此同时，校企协作部门可以运用大数据分析整体费用，并与实际费用单据进行对比。在出现比较大的资金数据差时，校企协作部门需要成立由学校和企业组成的监督小组进行针对性督查，保证每一笔学徒经费运用到实处。

（三）以支出效益为目标的监督制

1. 构建以支出效益为目标的监督制原则

在经费的运用过程中，校企不仅要明确经费的运用途径，而且还要了解经费的运用效果，真正将每一分钱花在刀刃上。为了保障经费的有效运用，校企部门可以构建以支出效益为目标的监督机制。在具体的机制构建中，校企部门可以参照图 3-8 所示内容。

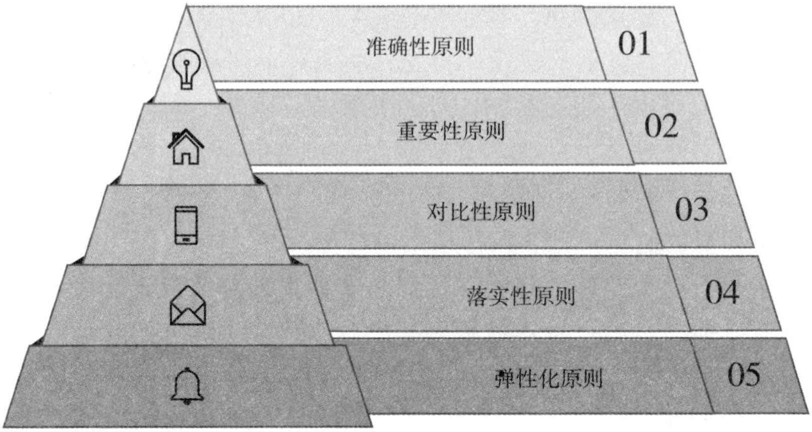

图 3-8　以支出效益为目标的监督制

（1）准确性原则。在进行监督的过程中，校企协作部门需要设定具有层次性的监督项目，一方面使监督项目内容不遗漏；另一方面使项目与项目之间不重复，保障学徒经费运用在实际的项目中，达到准确监督资金运用的目的。

（2）重要性原则。在实际的财务经费监督的过程中，校企协作部门需要掌握监督的核心点，一方面是从财务状况的运行特征以及内在规律入手；另一方面要结合对应的监督项目的重要程度。在监督过程中有所侧重，提升经费监督的有效性和合理性，增强经费监督这项活动的效益性。

（3）对比性原则。在进行经费支出效益监督的过程中，校企协作部门可以落实对比性原则。第一，开展校际之间的对比。为了真正认识本校在经费支出中的效益，校企协作部门可以运用校际对比的方式，即以同一指标为定量，让本校与其他兄弟学校进行对比，明晰二者之间的差距及成因，并进行针对性弥补。比如，针对学生学徒交通经费这一项，校企协作部门可以让学徒学生在上班中避开高峰期，并合理规划线路。总之，通过约束参与现代学徒制各个主体行为的方式，校企协作部门可以在一定程度上减少学徒经费支出。第二，开展本校纵向的对比。校企协作部门可以以某一项指标为参照量，比如学校教师的花费，通过与往年教师花费对比的方式，发现其中学徒经费之间的差异，分析差异产生的原因，制定针对性的学徒经费管理策略，实现有效经费管理和监督的双重目标。

（4）落实性原则。为了真正让监督机制发挥作用，校企协作部门在机制的制定过程中，需要秉持落实性原则，将机制落实在实际的学徒经费的监督中，促进学徒经费方面的减负增效。具体来说，为了秉持落实性原则，校企协作部门一方面要立足实际，即从学校与企业的现代学徒制开展情况入手；另一方面需要分析参与现代学徒制人才保障体系中各个主体之间的利益关系。在照顾各主体利益的前提下，让各主体更加积极地配合校企协作部门的监督措施，发挥监督的效用，为提升监督效益赋能。

（5）弹性化原则。在制定以支出效益为目标的监督机制中，校企协作部门需要落实弹性化原则，一方面结合现代学徒制不断发展的实际；另一方面基于现代学徒制未来发展的趋势，不断引入新型的监督机制，比如大数据化的学徒经费机制等，实现有效的经费监管，并不断优化现阶段的监督手段和方式，将学徒经费的效益发挥到最大化。

2. 构建以支出效益为目标的监督机制

（1）建设效益化的监督制度和环境。①建设效益化的监督制度。在落实监督制的过程中，校企协作部门可以构建符合学校教学实际以及企业生产实际的监督机制，并将学徒经费运用效益加入监督制中，具体明确监督制度中效益评价的工作规则、程序以及应用等，还要明确参与学校经费运用的主体权利和义务，真正将效益化的监督制度落到实处。②建设效益化的监督环境。建立效益化现代学徒制人才培养保障体系的理念，加强以效益监督为核心的环境建设。校企协作部门可以从两方面入手：首先，加大提升学徒经费效益的宣传。校企协作部门可以加大对提升学徒经费效益的宣传，比如引入“创意功夫”，即让企业师傅以及学校教师不断创新原有的教学方式、实训方式，并优化整个过程和途径，以书面的形式提交给基层主体，让基层主体进一步宣传、大范围运用此种“创意功夫”，使学校教师与企业师傅在日常工作中规避浪费。其次，加强对学徒经费运用的监督。校企协作部门可以着力于具体的经费运用细节，深入分析学徒经费中的财务报表以及核算流程，重点从优化预算的角度进行监督，提高监督的有效性，保证资金运用的精准性。其次，制定以效益为核心的监督标准。在监督标准落实过程中，校企协作部门需要优化原有的监督形式，既要兼顾短期利益与长远目标相融合作为主要效益监督的观念，又需从监督形式入手，一方面注意定量分析和定性分析相结合，另一方面注意过程性和结果性相结合。通过这两方面的措施，完成对经费效益的有效监管，校企协作部门需要充分发挥在学徒经费方面的监督和管理的双重作用。

（2）构建效益性监督披露平台。校企协作部门可以通过构建效益性监督披露平台的方式，让现代学徒制中的经费运用者在此平台展示学徒经费的数目以及运用过程。与此同时，校企协作部门可以以经费使用过程为依据，从两个角度落实经费效益性的监督和管理。第一个角度，校企协作部门首先对经费项目进行分类，其次让同一项目经费的使用者对比具体的使用过程，最后让他们通过比较的方式，优化个人的经费运用过程，达到以隐性方式进行经费监督，提高学徒经费运用效益的目的。第二个角度，引入财务专家。校企协作部门可以引入财务专家，让他们分析经费运用的整个过程，并找出本校在经费运用过程中的共性问题，提出针对性的建议。在此之后，校企协作部门可以让经费运用者采纳此种建议，通过这种显性监督的方式，促进学徒经费运用的高效化。总之，通过构建效益性的监督披露平台，校企协作部门可以从显性和隐性两个方面进行学徒经费的监督和指导，旨在实现经费运用效益的最大化。

（3）构建无形化的经费监督模式。校企协作部门在开展推进性经费监督的过程中，可以将奖励融入其中，一方面让经费使用者树立效益意识；另一方面通过物质奖励的方式肯定经费使用者在节约资金上的付出，达到良性的经费运用效果，让监督以无形化的方式开展。在实际的落实上，校企协作部门需要建立一套公正公开的评估机制，对经费使用的全过程进行公开展示和评价，让更多现代学徒制的参与者投入解决学徒经费、提高经费运用效益之中，真正构建无形化的资金监督模式。

（四）积极借助外部专业的监管力量

为了提高监管的公正、公开以及公平，除了进行上述校企协作的内部监管外，校企协作部门可以积极借助外部专业力量，成立第三方监管部门，让其负责本校学徒经费的监管。在实际的落实上，校企双方需要共同参与第三方监管部门的构建中，让第三方监管通过运用大数据、云计算等技术，实现对学徒经费审批、来源以及使用状况的全程性监管，坚决避免滥用学徒经费的现象发生。

第三节　校企协作部门“共考核”和“共评估”

一、引入第三方考核和评估的意义

（一）引入第三方考核和评估的理论性意义

1. 第三方考核和评估产生的科学性

从第三方考核和评估产生的意义来看，笔者注重从以下四点进行简要论述：首先，第三方考核和评估，顾名思义是从第三方的角度进行考核与评估，与传统的校企双方的考核、评估有很大的不同。其次，第三方对于现代学徒制人才培养质量的考核和评估具有较强的公正性和可信度。究其原因是，第三方机构的利益并未受到评价好坏的影响。再次，第三方机构的评价较为专业，注重从评价的规律入手，对现代学徒制人才培养质量进行全方位的考核和评估。最后，第三方机构公正地处理学校和企业之间的关系，在立足公平和客观的前提下，给予现代学徒制人才培养质量保障体系最为全面的考核和评估。

2. 第三方考核和评估的必要性

笔者从三个角度论述第三方考核和评估涉及的利益。首先，第三方考核和评估机构的公正性。教学评价涉及的利益相关者较多，在本书的论述中，主要包括以学校为中心的利益主体集团、以企业为中心的利益集团和以学生为主体的利益集团。在进行评价的过程中，校企协作部门可以通过引入第三方考核和评估机构，保证此机构与三个利益主体之间不具有利益相关性，增强考核和评估的公正性，提高此项考核的公信力。其次，从实践来看，教学评价中有一对较为明显、一直存在的矛盾主体，即教育行政或是政府部门。对于院校的评价不能取决于以学生为代表的利益相关者。换而言之，在进行中国现代学徒制人才培养保障质量的评价中，校企在评价自身教学或是带徒能力上存在一定的主观性。为规避这种问题的发生，催生第三方评估、考核机构的诞生，以保证现代学徒制人才质量评价的公正性。最后，从主体来看，第三方考核和评估机构并不受到校企双方的影响，只需结合具体的现代学徒制人才质量培养状况，进行客观、独立的评价。

3. 立足于第三方考核和评估的基本理论

笔者对于第三方考核和评估的理论主要从三个方面加以论述。首先，第三方考核和评估机构的产生。第三方考核和评估机构属于他评的评价主体，是对评价对象毫无利害关系的他人，这在一定程度上避免了评价者与被评价人为同一主体的尴尬状况。从实际而言，评价客体形式多样，比如教育部门、行政管理部门、地方政府等。其次，第三方评估和考核的内容。笔者认为现阶段人才考核质量尚未形成相应的体系。基于此，笔者认为有必要将学生在现代学徒制完成后的就业率以及未来的发展状况作为评估人才培养质量的重要依据。最后，第三方考核机构的核心本质。第三方考核机构的核心本质是，考核机构相对于学校以及企业的任何一方而言，具有公平公正、专业权威以及独立自主的特性。

（二）引入第三方考核和评估的实践性意义

1. 有利于增强现代学徒制中人才培养质量评价的公正性

通过引入第三方评估和考核机构，校企协作部门可以在一定程度上避免校企双方在现代学徒制人才质量评估中既是裁判员，又是运动员的尴尬情况，形成人才培养和人才评价的有效分离。这种考核和评估的公正性对于校企双方是十分有利的。从学校育人的角度来看，学校通过认真分析第三方对学校教育以及学生运用学校所学在企业中的表现，可以更为客观和全面地认识自身在教学理念、方式、内容方面存在的不足，并进行针对性改正，进而提高学校培养人才的能力。从企业发展的角度来看，企业可根据第三方评估和考核的结果，客观地选择参与现代学徒制的学生，将德才兼备的学生纳入企业，为企业的发展提供新鲜血液，一方面可以降低企业在培育新人方面的成本；另一方面可以提高学徒的忠诚度，最终达到提升企业利润的目的。

2. 有利于实现为企业输送高质量人才的目标

通过引入第三方考核和评估机构，校企协作部门可以有效地为企业培养大量的高素质人才。究其原因在于以下两点：一是，有利于现代学徒制教学的良性发展。学校通过借鉴第三方考核和评估机构的建议，可以更为精准地发现本校在现阶段学徒教学制中存在的问题，并着重借鉴企业的生产经验，从多个角度改进：在教师方面，提升本校教师的专业素质；在实训方面，引入先进的设备，构建新的实训场地，优化实训课程；在学生方面，因材施教，在满足学生个性发展的同时，最大限度地激发他们在现代学徒制中的潜能。二是，有利于企业培育新人能力的提升。通过第三方考核和评估机构，企业可以真正认识到在培育新人方面的问题，并在立足企业生产实际、保证企业利润的基础上，适时地借鉴其他学校育人的方式。在降低育人成本，提高新入职人员忠诚度的同时，增强企业的综合育人水平。总之，通过引入第三方考核和评价机构，校企协作部门可以让校企双方在认识自身不足的基础上相互学习，从而促进高质量人才的培养，源源不断地向企业输送德才兼备的职业化人才。

3. 有助于现代学徒制人才培养质量保障体系的发展

通过引入第三方考核和评估机构，校企协作部门可以在一定程度上弱化学校和企业在评价方面的职能，并将更多的精力投入校企双方各自擅长的领域，真正促进现代学徒制人才培养质量保障体系的完善。简要言之，从学校发展的立场来看，职业院校通过引入第三方考核和评估机构，可以对本校的职业化教育进行全方位的评估，一方面有利于跳出职业教育固化评价思维的束缚；另一方面能够真正借助第三方考核和评估机构的“外脑”，既可以以去粗取精的思维留下职业传统教学中的优良部分，又能够借鉴现代学徒制的工学交替模式，促进职业院校综合育人能力的提升。从企业发展的立场而言，企业同样可以借助第三方考核和评估机构，对本企业中师徒管理模式进行反思，并从新型师徒关系的营造、新型带徒模式的形成以及相应的薪酬制度的构建等角度入手，优化现阶段的企业带徒模式，实现企业“老带新”模式的优化和升级，促进企业培育新人能力的增强。除此之外，第三方考核和评估机构是校企双方的缓冲地带，即是一个帮助校企双方针对现代学徒制人才培养中的尖锐问题进行调节的中途交流地带，避免一些直接矛盾和冲突的出现，促进校企在育人性和营利性方面达成双赢的局面。

二、构建第三方考核和评估的原则

校企协作部门为了推动第三方考核和评估工作的进行，需要熟知、辅助第三方机构构建与校企实际相符的考核和评估原则，并在此过程中深入了解造成校企在现代学徒制人才培养过程中的问题，并制定应对策略，旨在促进中国现代学徒制人才培养质量保障体系的完善。基于此，笔者重点对第三方考核和评估的原则加以介绍。

（一）评价主体多元化

为了更为全面地呈现现代学徒制人才培养质量效果，在进行第三方评价机构主体的选择上，校企协作部门需要辅助第三方机构引入较为多元的评价主体：社会教育研究机构、行业协会、用人单位等。

（二）评价方式多样化

在进行第三方考核和评估的过程中，校企协作部门可以与第三方机构共同探讨评价的方式，并着重从提高评价方的多样化入手。具体来说，如图 3–9 所示。

图 3–9　评价方式多样化

首先，兼顾评价的定量和定性。在现代学徒制人才培养质量的评估中，既要看重学生在实际操作中的技能以及工作量，又需结合学生在工作中的职业道德和素养，从两个方面入手对学生进行针对性的评价。

其次，兼顾评价的过程性和结果性。第三方机构一方面要结合学生的整个工作过程，另一方面需以学生的操作结果为依据。从过程和结果的全局性出发进行针对性的评价，实现评价的全面性，真正让校企双方获得具象化的现代学徒制人才培养方面的启迪，发挥出评价的指导性作用。

最后，兼顾评价的理论性和实践性。在第三方考核和评估的过程中，第三方机构既要考察学生的理论掌握能力，又需考核他们的实践水平。在实践考核的过程中，第三方机构需要考察学生的独立实践操作能力以及沟通合作能力。

总而言之，在进行考核和评价的过程中，第三方机构一方面需与校企协作部门相互配合，另一方面要从更为全面的角度对学生进行评价，以学生的学习质量为辐射点向外发散，分析学生综合实践素质形成的经验以及存在实践问题的原因，真正实现以评促思、以评促管的目的，促进现代学徒制人才培养质量保障体系的完善。

（三）评价内容层次化

第三方机构在评价的过程中可以结合学生的实际技能水平，灵活选择针对性的评价内容，即注重从评价内容的层次性入手，开展精准性评价，一方面让学生在被评价的过程中合理调整期望值；另一方面使他们着重提升个人的专业水平，朝着更高层次的评价发展，实现评价内容层次化效益的最大化。比如，第三方评价机构可以以现阶段“新八级”等级制度为依据，设置与以下层级相对应的评价内容，即学徒工级别、初级工级别、中级工级别、高级技师级别、技工级别、高级技师级别、特级技师级别、首席技师级别。

（四）评价标准多维度

第三方机构除了对学生进行专业技术方面的考核外，更需注重从多维的角度入手，旨在打造由基础到高深、由专业到通用的多角度、多层次、多方面的多维度评价标准。举例言之，第三方机构可以在校企协作组织的帮助下，深入了解现代学徒制实际开展的过程，设置以下考核评价指标：敬业精神与品德修养、组织纪律与团队精神、拼搏精神与竞争意识、组织能力与协调能力等。通过拓展评价标准的维度，旨在以评价为指导，促进学生的全面化和立体化发展，增强学生对岗位的综合适应能力。

三、构建第三方考核和评估的体系

（一）确定第三方评价主体

本部分中的第三方评价主体主要是指独立于学校与企业，且具有教育评估功能的组织和机构。此机构的作用是对现阶段院校现代学徒制进行针对性的评价，比如从人才培养模式、教学质量、专业建设、师资队伍建设等入手，进行诊断性评价，得出相应的结论。从现阶段而言，第三方评价主体主要包括独立的社会教育研究机构、行业协会、用人单位等。

（二）选择第三方评价指标

在第三方评价指标的选择上，第三方机构以及校企协作部门需要从增强评价指标内容的综合性入手，一方面与国家职业教育人才培养目标相贴近，另一方面需要考虑校企生三方的发展水平以及未来的发展方向。以学生为例，在设定以学生为核心的第三方评价指标时，第三方机构以及校企协作部门，一方面需要从学生的现阶段入手，即对学生现阶段的综合实践水平进行针对性评估，并提出针对性建议，让他们真正明确个人在专业技术方面的优势和不足，继而采取相应的学习措施，以更好地适应现阶段以及毕业后的学习和工作需要；另一方面从学生的长远发展切入，即对学生未来的就业质量、发展空间以及创新创业能力进行评判，并提出针对性建议，让他们既满足现阶段的工作需要，又能适应未来的岗位需求，充分发挥以评价促学习的积极作用。

（三）完善第三方评价机制

本部分中的完善第三方评价机制主要是对其保障机制的介绍。在进行保障机制的构建过程中，第三方机构可以在校企协作部门的帮助下，制定相应的保障机制，即明确评价主体的职责、评价的内容以及具体流程，使第三方考核的开展有章可循。

（四）确立第三方评价方案

第三方评价方案制定的核心目标是，在推动高职教学内涵建设的过程中，看重从优化现代学徒制人才培养质量保障体系入手，构建出具有校企双主体性质的职业化育人机制，并在行业协会以及政府的帮助下，促进新常态职业化教育的稳步、健康发展。为了实现该目标，第三方考核和评估机构在方案制定的过程中应着重从以下几个方面落实。首先，在方案制定的过程中，第三方机构在校企协作部门的帮助下，需要积极听取各方建议，比如行业协会，当地教育政府部门，应届、往届参与现代学徒制的学生，在此基础上，形成相对科学的评价方案。其次，在方案内容的构成中，第三方机构在校企部门的帮助下，需要从以下角度进行构建，即评价方案的结论发布、指标确立、形成原则、基本任务以及指导思想。最后，在方案内容和方案制定主体方面，第三方机构在校企协作部门的帮助下，坚持解放思想、实事求是的原则，结合现代学徒制教学因素的变化进行针对性的调整，增强落实评价方案的弹性。

（五）构建第三方评价流程

在构建第三方评价流程的过程中，校企协作部门需要协助第三方机构完成以下内容：第一，构建整体化的评价流程。第三方机构为了保障评价的顺利进行，需要形成一个整体性的评价流程。第二，完善整体化的评价流程。第三方机构可以从反馈机制入手，一方面对评价过程中的数据进行反馈，另一方面对实施评价后的具体策略实施状况进行数据化反馈，在不断反馈的过程中，修正原有的评价流程、内容以及主体的不足之处，实现优化整体评价流程的目的。第三，构建评价流程数据库。第三方考核和评估机构可以在校企协作部门的帮助下，充分运用大数据以及云存储等技术，构建评价流程数据库，既可以对本校的评价数据进行总结和归纳，为后续评价流程的构建提供数据基础，又能够积极地引入先进职业院校的评价流程数据，比如前瞻性的现场问卷评价流程数据、座谈会式的评价流程数据等，构建以校内校外数据为参照的第三方流程数据库，增强第三方评价流程的科学性。

（六）应用第三方评价结果

第三方评价结果可以应用于三个方面：首先，向社会公布第三方考核和评估的结果，既可以让社会感受到现代学徒制人才培养的优势，又能够接受社会、政府方面的监督，从而促进现代学徒制人才培养保障体系的完善。其次，以第三方评价为指导，促进校企现代学徒制人才保障体系的优化。就学校而言，职业院校可以以第三方评价的问题以及建议为依据，对本校现代学徒制下的人才培养模式进行优化，即实训的课程拟定、师资队伍的建设等；就企业而言，参与现代学徒制人才培养的企业也可以以第三方评价呈现出的问题为导向，注重从具体的“师带徒”模式、企业生产方式及阶段等入手，开展针对性的带徒模式调整。总之，校企双方在应用第三方评价结果的过程中，一方面需要结合社会的状况，另一方面应该从自身入手，对现阶段存在的问题进行针对性解决。从而促进现代学徒制人才培养质量保障体系的良性发展，为社会提供技术型、知识型以及创新型的人才。

四、落实第三方考核和评估的策略

（一）落实第三方考核的策略

在落实第三方考核的过程中，校企双方需要加强对考核相关内容的认知，并在此过程中，积极地配合第三方考核，积极促进校企双方在现代学徒制育人能力方面的提升。在实际的考核策略中，笔者会对图 3–10 所示内容进行详细的论述。

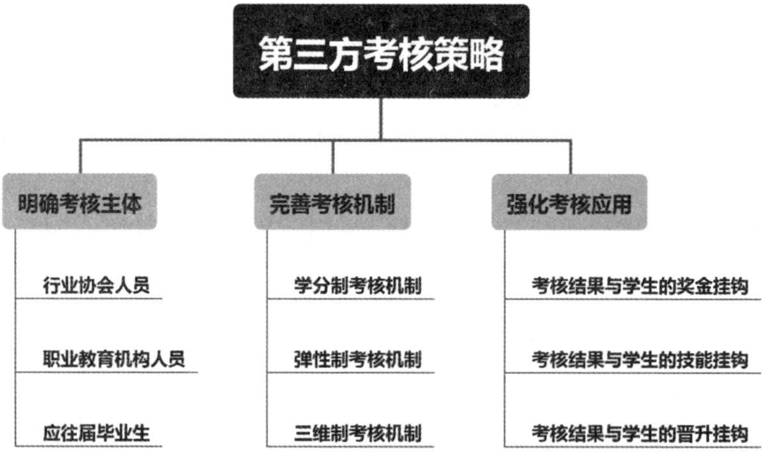

图 3–10　第三方考核策略

1. 明确考核主体

在现代学徒制人才培养考核的过程中，第三方机构需要在校企协作部门的帮助下，明确第三方考核的主体。在考核过程中，笔者应对行业协会人员、职业教育机构人员、应往届毕业生三者加以说明。在行业协会方面，行业协会人员多为从事该行业的创业者、管理层人员、专家人员、技术人员以及人力资源管理人员等。职业教育机构人员是指独立于政府，专门进行教师、学生职业化培训，已经上岗的且具有较强综合能力的职业教育培训者。应往届毕业生主要是指参与校企现代学徒制人才培养的人员。

2. 完善考核机制

（1）学分制考核机制。在学分制考核机制的构建中，第三方机构可以借助校企协作部门的力量，对参与现代学徒制的学生进行针对性的考核，坚持“评价主体多元化”“评价方式多样化”“评价内容层次化”“评价标准多维度”的原则，将考核的结果计算成相应的学分，存入学生个人的积分银行，并详细记录学生的正积分（现代学徒制学习中呈现的优势）、负积分（现代学徒制学习中呈现的劣势），让学生更为全面地了解个人的专业能力，并进行针对性的优势强化和劣势改进。

（2）弹性制考核机制。弹性制考核机制主要是指为学生提供自由择业的弹性化考核模式。在三到四年内，学生可以在校企协作部门以及现代学徒制的企业的允许下，自由选择与本专业相关的岗位，签写相应的就业时间保证书。在此之后，第三方机构全程跟踪该生的学习过程，遵照考核、评估原则，按照考核、评估标准，对该生进行考核与评估，并将最终的考核结果反馈给该学生以及对应的实习企业和学校。此种弹性考核机制的设置，一方面可以让参与现代学徒制的学生通过试岗的方式以及岗位师傅的指导，了解个人擅长的工作内容；另一方面可以考查学生在现代学徒制下的具体实践效果，为现代学徒制人才培养质量保障体系考核形式的完善做出补充。

（3）三维考核机制。三维考核机制中的“三维”是指第三方考核机构的三个主体，即：应往届毕业生、职业教育机构人员以及行业协会人员。简而言之，第三方机构可以在校企协作部门的帮助下，让三个主体参与现代学徒制下学生的综合技能考核中，并设置相应的权重，即应往届毕业生、职业教育机构人员、行业协会人员的权重为 5 ∶ 3 ∶ 2。通过构建三维考核机制，第三方机构以及校企协作部门可以更为全面地认识、分析现阶段的现代学徒制人才培养体系的优势和不足，制定精准性的应对策略，促进此体系的完善。

3. 强化考核应用

校企协作部门在与企业与学校协商，形成一致意见的前提下，强化对考核结果的应用。在实际的应用方面，笔者着重从以下三个方面提出建议。第一，将考核结果与学生的奖金挂钩。校企协作部门可以以第三方考核结果为依据，评选出优秀学徒生，给予这类学生相应的助学金和奖学金。第二，将考核结果与学生的技能挂钩。校企协作部门需要重点关注学生第三方考核结果中“评价内容层次化”的项目，针对初级、中级和高级的评价级别，颁发相应的证书。第三，将考核结果与学生的晋升挂钩。笔者所指的具体晋升内容包括学生的普职融通学历以及未来的职业晋升职位。具体来说，各大校企协作部门可以根据实际情况灵活把握。

（二）落实第三方的学生评估

在落实第三方评估的过程中，笔者注重以学生第三方评估的结果为依据，对他们现阶段的发展以及未来发展两个方面进行评估，旨在为校企现代学徒制人才培养提供启发性的建议。

1. 学生现阶段发展的评估

通过对每一位学生的第三方考核和评估结果的深入分析，校企协作部门可以更为全面地了解学生现阶段的综合技能水平，并在以下几方面获得全面性认知。首先，了解学生在学校学习中的道德修养、学习态度、理论水平以及综合性学习成绩。其次，认识学生在企业学徒和实习中的工作态度、学习能力、技术水平以及职业素养。最后，综合学生在校企中的实习表现，全方位对学生的就业质量、发展空间以及创新创业能力进行评判。在全面了解学生的校企学习状况后，校企协作部门可以帮助学生制定未来的职业生涯规划，并着重从现在的发展入手，即解决学生可以改变的职业性问题，指出他们在未来工作岗位中可能遇到的挑战，并预设相应的解决策略，减少学生在未来从业道路中的阻碍，实现现代学徒制人才培养保障体系的积极作用。

2. 学生未来发展的评估

在对学生未来发展评估的中，第三方考核和评估机构参照学生的考核结果，结合行业未来发展的趋势，在校企协作部门的帮助下，对学生进行全面评估。在具体的未来评估中，笔者建议从以下三个方面切入。

（1）以 T 型人才为标准进行评估。第三方机构可以以考核结果为依据，重点分析学生是否具备成为 T 型人才的潜质。首先，学生在本专业技术和能力的深度，即学生的专业技能级别。其次，对学生的合作能力进行评估，重点是学生与其他领域的人才进行协作的能力，包括学习新东西，立足全局思考问题的能力。第三方机构可以根据上述两个条件判断学生是否具备 T 型人才的标准。

（2）以“创新自信”为标准进行评估。在进行“创新自信”评估的过程中，第三方机构可以以下面三点作为评价指标：首先，意志。学生是否具有创造新事物的坚定意志。其次，勇气。学生是否具有不惧失败、奋勇向前的勇气。最后，自信。学生是否具有可以在本行业有所建树和创造的坚定信心。

（3）以“终身学习者”为标准进行评估。在以“终身学习者”为标准对学生进行评估时，第三方机构需要在校企协作部门的帮助下，牢牢把握以下三点：首先，学生是否具有以及运用底层思维逻辑的意识与能力，即学生可否真正将各种形式的底层思维逻辑运用在现实生活中。比如，以“以终为始”的思维为例，学生是否可以从最终的结果出发，进行逆向思考，继而思考出具体的操作步骤，进行针对性的执行。其次，学生是否具备前瞻意识，即学生在现代学徒制的学习过程中是否具有了解该行业未来发展趋势的意识，并在了解未来发展趋势对现阶段学习做出针对性调整的能力。最后，是否具有以实现目标而进行的深度专业知识的学习能力，即学生在现代学徒制下的专业知识学习中是否具备明确的学习目标，并通过不断深入研究专业技术，达到实现学习目标的能力。

3. 总结

在进行第三方评估的过程中，笔者认为第三方机构可以从学生现有的发展水平以及未来的发展趋势两个角度入手，既要让学生了解现阶段个人在职业化发展过程中存在的漏洞以及优势，一方面对优势进行总结，形成个人的独有的工作能力；另一方面对漏洞进行针对性纠正，提升对当前岗位的胜任能力，又需让他们在对个人未来的评估中了解社会对未来人才的要求，使他们以未来人才的标准不断提升自我，提高未来的岗位胜任能力。

第四章　发展现代学徒制师资为人才培养保障体系提供“土壤”

第一节　加强校内师资建设

一、国家层面

（一）培育新时代“四有”师资队伍

在中国现代学徒制人才的培养中，笔者认为教师是培养优质人才的“沃土”，是实现职业教育兴盛发展的重要“源泉”。为了促进新时代职业院校师资队伍的建设，院校可以培养拥有仁爱之心、扎实学识、道德情操以及理想信念的新时代“四有”教师，为职业教育的发展培养出高素质的技术型、知识型以及创新型的新时代人才。在具体的“四有”师资力量的建设中，笔者着重从以下两方面进行论述。

1. 立足个人，提高教师教学的要求

在职业化人才的培养过程中，院校教师应认识到利用现代学徒制模式培养新时代社会主义建设的技术型、知识型以及创新型人才的重要性，并注重从提升个人综合教学水平进行落实。具体来说，学校教师可以借鉴如图 4–1 所示的三种方式：

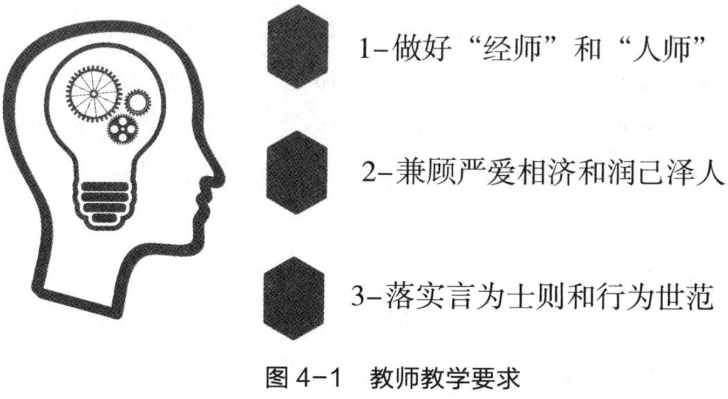

图 4–1　教师教学要求

（1）做好“经师”和“人师”。在做好“经师”方面，院校专业教师需要精通专业知识，既要结合时代发展阐述学习专业知识的必要性，又要立足学生的人生价值，让他们认识、深度学习专业知识，并在具体的授课过程中将工匠精神融入其中，让学生受到感染，真正培养出精益求精的技术型人才。在“人师”方面，院校教师需要从现代学徒制开展的特性出发，积极解答学生在现代学徒制学习中的问题，引导他们树立正确的职业价值观，并做好职业生涯规划，让学生真正以个人的职业贡献作为实现人生价值的终极目标，发挥在教育教学中的“人师”作用。

（2）兼顾严爱相济和润己泽人。在严爱相济方面，教师在开展现代学徒制授课的过程中需要从严，即从理性和感性两个方面开展教学。在开展一些精密性课程的授课中，教师要严格要求，让学生在实训过程中做到精益求精，培养他们的责任意识；在开展一些职业素养的授课时，教师可以从感性的角度授课，比如引导学生思考“将个人想象成接受服务的对象，想象你期待的服务是什么样的”。通过这种感性引导，让学生从接受服务对象的角度思考问题，使他们逐步提升个人的工作要求。在润己泽人方面，院校教师可以通过深入解读劳模案例和工匠案例，加深对职业和人生意义的认知，提升个人的思想境界，并将这种对职业的认知传递给学生，让他们更为科学地认知个人职业与人生价值实现的关系，更为积极地以极大的热忱投入工作，通过突破本行业的重重难关，为本行业做出贡献的同时，实现人生的升华，真正以润物细无声的方式做到润己泽人。

（3）落实言为士则和行为世范。在进行校内现代学徒制人才培养的过程中，院校教师需要做到言为士则和行为世范，运用个人的一言一行影响学生的职业道德观，让他们加深对职业素养的认知。比如，在针对某一个实践性的知识点时，教师假如不知道，不能搪塞学生，而是大方地承认无法回答此问题的事实，并需要在课下通过多种方式深入研究此知识点，在下次上课时及时回复学生，让学生受到教师行为的感染，逐渐养成对工作实事求是、认真负责的态度，使他们更好地融入未来的工作中，发挥校内教师在言为士则和行为世范中的作用。

2. 立足群体，打造优秀的师资队伍

我国已经开启全面建设社会主义现代化国家的新征程。在此时期，为了实现国家第二个百年奋斗目标，院校有必要为社会提供一批高技术水平、高知识水平以及高创造水平的技能人才，而培养人才的核心在于人才培养体制的构建（即本书中的现代学徒制）。现代学徒制构建的核心在于师资队伍的打造。为此，院校需要重视优秀师资力量的培养，并真正落实爱才、育才和用才的理念，打造符合新时代发展和现代学徒制育人规律的优秀师资力量，实现技术型人才的培养，让这些高质量技术人才成为推动社会主义现代化建设的中坚力量。

（1）深化选育机制改革。在院校职业教师师资力量的培养过程中，院校除了让教师提升个人自我要求，增强他们的教学能力外，还需从构建、选拔、培养以及考核教师的机制入手，制定出精准引才、系统育才、科学用才以及用心留才的院校师资力量选育机制，为锻造院校现代学徒制所需的高素质师资创造条件。具体来说，在院校职业教师选拔的过程中，院校首先需要以教师的职业素养为基准开展第一轮的选拔。其次，院校以职业教师的综合教学能力为依据开展第二轮的选拔。最后，院校在选择德才兼备的职业教师后，需要结合具体的现代学徒制学校的教师岗位需求，为他们设置相应的岗位，真正地将每一位高质量的职业教师安排到适合充分发挥他们综合能力的岗位上。

在育人环节，因为在现代学徒制岗位培训的过程中，部分院校教师虽然具有丰富的经验，但是仍需要学习现代学徒制中的理论知识和实训操作知识。为此，院校需要对这部分教师进行培训，一方面着重渗透工匠精神，另一方面组织这部分教师参与企业生产。通过实践的方式，让这些教师的专业素质和实践水平获得全方位的提升，使他们真正成为推动中国现代学徒制人才培养质量保障体系构建的重要力量来源。

在考核环节，院校可以从教师的育人效果以及实际学习效果两方面入手。在育人效果方面，院校可以定期对教师教授的学生进行理论和实践的考核，并对这些学生的成绩进行排名。在实际学习效果方面，院校可以组织教师技能比拼大赛，并邀请企业中的技能人才参与教师技能的评比，真正给予这些教师相对中肯的评判以及实践建议。在完成上述两项活动后，院校可以综合教师两方面的考核结果进行针对性排名，奖励排名前三名的教师。与此同时，院校需要统计教师在考核中的共性问题以及个性问题，并针对问题原因进行探究，提出针对性的策略，真正达到以考核促育人的目的，促进本校教师专业教学能力的提升。

总之，通过深化考核机制的方式，院校可以优化现代学徒制教师的教学培养机制，一方面加强对现代学徒制教师的选拔和培养；另一方面通过考核的方式，在激发教师参与现代学徒制教学积极性的同时，也辅助教师改正教学中的错误，真正促进院校现代学徒制教师综合素质能力的提升。

（2）坚持内涵式的发展。在进行校内师资力量培训的过程中，院校可以以内涵式发展为核心，从以下四点加强对本校师资力量的建设：首先，激发教师的创造能力。在现代学徒制开展的过程中，院校教师一方面要结合现代学徒制人才培养的目标，另一方面需要认识传统职业教学方式的弊端，真正在结合现实的基础上解放思想、实事求是，创造性地进行教学方式、教学方法的改革，构建出切合实际的职业化教学新形式，解决现实中的现代学徒制授课问题，提高职业院校教师的综合教学水平。其次，加强职称制度改革。为了激发职业院校教师参与现代学徒制课堂建设的积极性，推动现代学徒制人才培养质量保障体系的完善，院校可以从晋升机制入手，对职称制度进行改革，尤其是向现代学徒制教学改革倾斜，即在职称制度晋升中，制定以促进现代学徒制课程为依据的项目，最大限度地激发高职院校教师参与现代学徒制的积极性，使其成为推动现代学徒制人才培养体系优化的重要力量之一。再次，提供试错平台。院校在现代学徒制课程的开展中，需要构建包容性的教学平台，允许院校教师开展新的尝试，并在一次次改正错误的过程中，逐渐掌握现代学徒制课堂教学以及实践教学的方法，促进他们综合教学能力的提升。最后，保障教师的待遇。院校需要加大对现代学徒制中教师待遇的投入，并通过构建公开、透明的奖惩制度的方式，一方面激发教师的参与热情；另一方面扩大现代学徒制人才培养体系的影响力，让更多德才兼备的职业教育教师融入其中，促进现代学徒制人才培养质量保障体系的建设。

总之，在内涵式发展的过程中，院校可以从激发教师的创造力、加强职称改革、提供试错平台以及保障教师师资待遇四个角度入手，构建良好的学校教学平台，让教师积极运用这四项制度，促进他们综合教学能力的提升，为现代学徒制人才培养质量保障体系的完善添砖加瓦。

（二）加强职业技术师范院校专业建设

1. 加强现代学徒制教师教育体系建设

在进行现代学徒制教师教育体系的建设中，院校可以与周边院校达成联盟，充分运用各自的优势，从以下几个角度入手，开展现代学徒制教师教育体系的建设。首先，院校可以从建立现代学徒制高职教师示范基地入手，推动集技术型、知识型和创新型于一体的综合性、职业性的教师基地建设，培育适应时代发展的现代学徒制高职教师。其次，构建普职融通教育体系。院校可以构建以职业教育为主体，高水平非职业院校参与的中国特色职业教育普职融通体系，让高职教师与普校本科教师协作，在结合现代学徒制教学实际的基础上，打造具有实效性、育人性以及技术性的现代学徒制人才培养理论与实践课程，发挥普职融通体系凝结优势教学资源的优势，促进现代学徒制教学的完善。最后，提高对现代学徒制的投入。院校需要加强对现代学徒制的投入，尤其是对高职教师培育中的实训设备、基地以及教师待遇的投入，构建良好的教师教育环境，促进优质高职教师的产生，打造现代学徒制人才培养质量保障体系的优质师资后备军。

2. 实施卓越型现代学徒制教师培养措施

（1）构建高职教师协同培养机制。高职院校可以与普通院校、行业企业以及中等职业院校（下文简称“三个主体”）构建协同培养机制，注重从多个方面构建全流程协同育人模式，比如从教学团队建设、课程设置、培养目标、实训基地建设、职后培训等多个环节加强对校内教师的培养。与此同时，高职院校需要加强现有资源的进一步优化组合，比如从设施与设备、办公场所与空间、人员与信息等，构建教师培养、培训、研究和服务一体化的教学体制，充分运用各院校的优势。最后，打造协同性管理系统。高职院校可以与三个主体构建出“合作发展、合作育人、合作就业、共同组织、共同管理以及共享资源”的协同管理和育人系统，促进卓越型现代学徒制教师的形成。

（2）构建标准化的教师培育制度。在实行标准化教师培育制度的过程中，院校可以从四个维度入手，即岗位要求、模式探索、专业建设以及资格标准，打造卓越高职教师。在岗位要求方面，院校可以以“标准化培育”为方向，以高职卓越教师培养内涵为核心，开发出标准化的教育教学规范，建立资格考试标准、专业标准以及素养标准，推动现代学徒制高职教师的培养。在模式探索方面，院校可以强化对现代学徒制教师在关键能力、文化素养、心理健康、心理素质、师德修养以及教育信念五个层次的培养，构建出新型的卓越高职教师人才培养新模式；在专业建设方面，院校可以以本校的强势专业为突破口，开发与校企协作实际相融合的系列育人成果，比如数字化资源、主干课程教材、专业课程大纲、专业教师培养标准等，重点加强对高职教师在实际创新能力以及操作能力的训练，让高职教师成为集技能与师能于一体的现代学徒制教师；在资格标准方面，院校需要与专业技能审评机构合作，构建相应的高职教师资格考试标准、考试办法、考试大纲、考试题库等，提升考核标准的规范性。通过从上述思维的维度入手，院校可以增强高职教师培育的标准化、规范化、专业化，为现代学徒制提供优质的教师资源，让更多的优质教师参与现代学徒制人才的培养，推动现代学徒制人才培养体系的优化和完善。

（3）建立创新驱动教师培养模式。在建立创新驱动教师培养模式的过程中，院校除了进行专业化的培训外，更需注重进行职后培训，让高职教师经常进行“充电”，实现培训模式的常态化。具体来说，院校可以尝试从以下几方面切入：首先，在培训类别上，院校可以从两方面入手，一方面探索置换式培训方式，即通过仿生式教育实习置换高职教师校外培训的方式，构建具有衔接性的高职职前职后的有序衔接，促进高职教师在不同场景下教学能力的提升；另一方面可以运用其他培训方式，比如各层级订单培训、专业带头人培训以及省级骨干教师培训等。其次，在培训方式上，院校可以借鉴以下方式：采取多种形式的高职卓越教师职后培训方案，比如结构化与系统化相结合的职后培训方案、线上远程培训与线下集中培训相结合的方案，并在培训的过程中，落实分段性的高职教师培训评价。在具体的分段评价中，院校可以从训前、训中以及训后三个阶段切入。在训前阶段，院校可以运用移动信息化平台，比如“蓝墨云班课”，在了解高职教师培训需求的前提下，进行针对性的课前学习资源推动；在训中，院校可以尝试采用“翻转课堂”的培训方式，让高职教师讲解个人学习成果以及困惑的方式，获得专业专家的指导，在与其他高职教师以及专家的互动过程中解答疑惑，强化学习成果，提高高职教师的专业教学水平；在训后，院校可以构建培训知识讨论群，让高职教师通过群聊的方式解决在课堂上尚未解决的学习问题，实现隐性的训后跟踪、指导。通过从培训类别以及培训模式两个角度入手，可以看出院校旨在让高职教师获得更为多元的专业指导，为他们提供专业教学知识的学习平台，打造创新驱动培养模式，以促进高职卓越教师的形成。

（4）构建现代化的职业教育平台。现代化职业教育平台的本质是实现学习终身化、全民化的职业教育体系。为了构建现代学徒制下的职业教育平台，推动高职教师职业教学能力的提升，促进高职教师终身化学习意识的形成和职业教学能力的提升，促进卓越教师的形成，院校可以从以下几个措施入手：措施一，助力教师成长。院校可以充分发挥职教文化传播、职教信息服务以及职教科研引领的作用，真正探索出卓越高职教师可持续发展模式，构建出专家性的高职教师发展之路。措施二，引领职教科研。在引领职教科研方面，院校可以充分运用自身的优势，比如本校的科技创新中心、重点领域研究基地、职业教育研究中心等，为推动职教科研提供必要的理论支撑和实践基础。与此同时，院校可以结合本校的实力，在本校中文核心期刊上设置相应的专栏，一方面对外介绍本校在职教科研方面的研究成果；另一方面构建对外沟通的平台，比如通过设置疑问的方式，让更多专家加入此专栏相关问题的讨论中，促进本校卓越高职教师在职教科研能力方面的提升。措施三，构建数据化的职教信息服务平台。院校可以运用大数据成立以现代学徒制高职教师培养为背景的云数据平台，一方面整合职业教育方面的数据；另一方面构建国家职业教育数据与文献检测中心，打造促进高职卓越教师形成的数据分析和分享平台。总而言之，院校可以从推动高职教师成长、引领职教科研以及构建数据化职教信息服务平台三种方式，构建现代化职业教育平台，促进高职教师终身学习意识的形成以及专业教学能力的提升，培养出适应新时代的高职卓越教师。

3. 健全现代学徒制职业教育保障体系

在健全现代学徒制职业教育保障体系的过程中，院校可以借鉴如图 4–2 所示的内容。

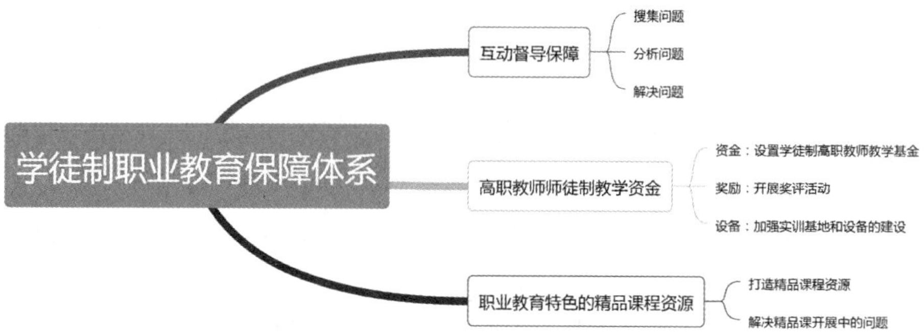

图 4-2　现代学徒制职业教育保障体系

首先，开展互动督导保障。在进行互动督导的过程中，院校可以从以下三个角度入手：第一，搜集问题。院校可以通过线上和线下相结合的方式，搜集高职教师在接受培训以及实际授课过程中存在的问题，并在此基础上，运用大数据以及云计算对这些问题进行分类、整理。第二，分析问题。在对高职教师的现代学徒制问题进行深入分析后，院校可以组织专家以及行业协会相关人员针对这些问题，并在结合本校实际状况以及院校整体教师教学能力的前提下，灵活制定相应的指导策略，让本校教师在线上学习、在线下实践。第三，解决问题。为了更为全面地了解高职教师实际解决问题的情况，并进行针对性线下指导，院校可以综合运用网络，从检测教师实际教学的角度入手，分析教师的实际解决问题的能力，并结合每位教师的实践性问题，进行针对性的线下指导，让教师获得精准教学指导，促进他们专业化教学能力的提升。

其次，加大现代学徒制高职教师教学资金投入。为了加大高职教师现代学徒制教学培训投入，院校可以从以下三个角度切入。第一，资金。院校可以设置现代学徒制高职教师教学基金，并定期提取相应的资金，用于各种现代学徒制高职教师培训。第二，奖励。院校可以定期开展奖评活动，评选出现代学徒制教学效果好以及接受现代学徒制教学理念和水平强的教师，定期发放相应的奖金，让获评教师介绍学习以及教学经验，营造良好的教学和学习氛围，促进高职教师教学能力的提升。第三，设备。院校需要加强对现代学徒制实训基地和设备的建设，一方面将资金运用在现有设备的维护上；另一方面加大对新设备和实训基地的建设，为高职教师的培养提供良好的实训场所和设备，促进高职教师专业教学能力的提升。

最后，构建职业教育特色的精品课程资源。院校可以通过互联网技术，构建职业精品课专业群，集结本校强势专业的专家、优质教师以及一线工作人员，以专业群的方式通过多种方式和角度的讨论，打造精品课程资源。在完成精品课程后，院校需要组织高职教师进行精品课程的实践，并让高职教师及时反馈精品课使用中出现的问题，借助专业群的力量解决问题。总之，通过构建精品课程，院校一方面可以拓展高职教师的教学视野；另一方面让他们在运用精品课程的过程中掌握新技能、新方法，拓宽新思路，促进他们高职专业授课能力的提升，使之更好地适应现代学徒制的授课方式和内容。

（三）开展“双师型”教师国家级培训

1.“双师型”教师的定义及意义

“双师型”教师是指具有“技术技能”和“专业知识”的双职称教师。通过打造“双师型”教师，国家一方面可以把握住新时代国家职业教育改革的核心要点；另一方面可以真正地让更多高素质职业教育教师融入现代职业人才培养体系的构建中（比如现代学徒制育人模式），从而推动职业教育的良性发展。

2. 国家级“双师型”教师培训措施

（1）“双师型”教师专业技能国家级培训班。①构建国家级培训班的意义。通过构建国家级培训班，院校一方面可以深入落实国家的相关政策，比如高职扩招建设专项计划、双高计划、《国家职业教育改革实施方案》20 条措施；另一方面有助于解决教师在专业课程上的难点和痛点问题，提升高职院校教师核心专业能力的提升，打造适应现代学徒制的“双师型”教师队伍。②国家级培训班的成员构成。在国家级培训班成员的构成方面，院校在征得国家相关部门审批和同意的情况下，可以从三方面入手。首先，邀请本行业的专家，其主要是指本行业的教育专家、学者以及各级政府中与本专业相关的人员。其次，邀请与本专业相关的企业人员，比如企业中的创始人、管理者、技术人员、人资人员等。最后，邀请本校本专业的优秀教师、教授等。③国家级培训班的培训内容。为了更为直观地呈现国家级培训班的培训内容，笔者在此进行简要介绍。

在培训内容的设定上，院校可以从现阶段高职教师培训内容以及未来发展趋势两个角度入手。在现阶段高职教师的培训内容上，院校可以从高职教师的专业能力入手，即理论知识的掌握能力以及实践课程的开展状况，也可以从现阶段本校教师在现代学徒制人才培养教学中存在的突出问题入手，邀请本行业的教学专家、从业人员进行针对性解决。从未来发展趋势而言，院校可以邀请本行业专家、从业人员以及本校任课教师参与关于相应专业未来发展趋势的讨论中来，并针对该专业的热门词语进行深入讨论，在了解未来该专业教育发展趋势的同时，拓宽教师的眼界，让他们真正将这些具有前沿性的专业知识融入现代学徒制的学校教学中，让学生的专业知识学习更具有前瞻性，促进本校高职教师专业授课能力的提升。值得补充的是，院校可以融入新时代双创内容以及工匠精神，促进高职教师职业道德境界以及双创教学能力的提升。通过从现阶段以及未来发展趋势两个角度入手，院校通过国家级培训班的方式，既解决现阶段高职教师在现代学徒制人才培养中的问题，又让他们从未来发展的角度进行高职专业教学的思考，旨在打造真正综合素质能力过硬的职业教师，推动院校人才培养能力的提升。④国家级培训班的培训方式。首先，线下培训方式。院校可以通过专题讲座、案例分享以及企业考察等多种形式开展线下培训，满足不同教师的学习需求。与此同时，院校可以充分运用本校的学徒实训基地进行实践操练，让本校教师真正通过实际操作的方式加深对理论性知识的认知，增强教师的综合教学能力，提升他们的综合教学水平。其次，线上培训方式。在线上培训的过程中，院校可以通过线上平台，进行全方位的线上流程教学管理。具体来说，院校可以借鉴以下方式。首先，构建具有本学院特色的 APP，在此软件上构建国家级培训课程，让高职教师在课下学习相应的课程。其次，进行学习监管。院校可以使用大数据以及云计算等工具，追踪高职教师的学习轨迹，灵活开展线上互动的形式，组织存在问题的教师与该行业专家进行多种形式的对话，比如文字对话、视频对话，解决高职教师的教学问题。最后，总结指导。院校可以运用大数据对高职教师在线上学习的问题进行整理和分析，总结出代表性的问题，并邀请该行业的专家以及一线从业人员进行针对性讨论，制定出贴合本校教师实际教学能力的方案，让本校教师在现代学徒制的教学过程中解决这些问题，促进本校高职教师综合教学能力的提升。

总之，通过深入落实国家关于现代学徒制的方针、政策，并在获得相应审批的前提下，院校可以开展“双师型”教师培训班建设，针对性地解决高职教师在理论以及实践教学中的问题，促进他们专业知识授课能力以及实际操作能力的双重提升，促进“双师型”师资队伍的构建，同时满足现阶段现代学徒制人才培养模式对教师教学能力的要求。

（2）企业参与国家级“双师型”教师培训。在企业参与国家级“双师型”教师培训的过程中，笔者着重介绍了某风电技术有限公司与某院校携手开展的《高职风力发电工程技术专业——“双师型”教师专业技能培训班》的培训工作，希望可以给企业参与国家级“双师型”教师培训提供借鉴，也能真正让院校获得提升教师专业教学能力的新思路。在实际的执行过程中，笔者为了更为直观地展现培训的开展状况，运用图 4–3 所示内容来介绍培训的整个过程，并进行详细分析。

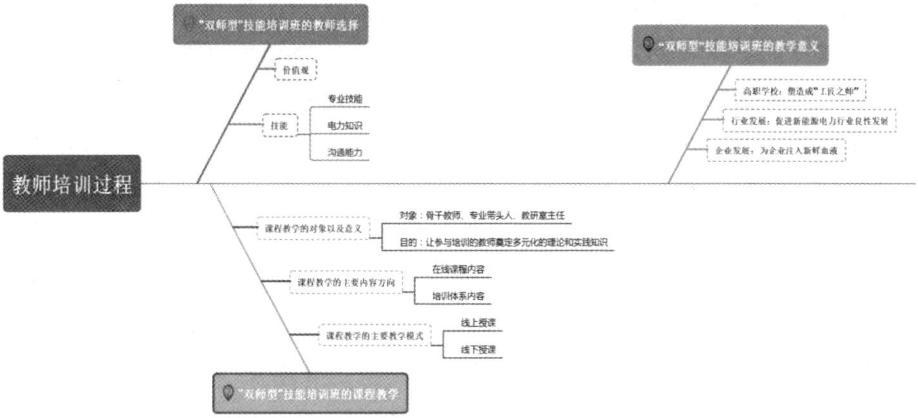

图 4–3　企业参与国家级“双师型”教师培训的过程

①“双师型”技能培训班的教师选择。在进行“双师型”技能培训班教师选择的过程中，某风电技术有限公司侧重从员工的价值观以及技能两个角度入手。在价值观方面，某风电技术有限公司选择凸显企业的价值观，即让“只做真正创造价值的事”“与客户、员工、伙伴共同成长”的优秀、负责的员工，在进行教师培训的过程中传播企业的价值观，同时代表公司的形象承担起社会责任；在技能方面，某风电技术有限公司着重从以下三点切入：第一，具备较强的专业技能。参与教师培训的

某风电技术有限公司员工需要经过“5+12”项综合能力的严苛考核。第二，具有丰富的电力知识。该类培训员工具备丰富的电力知识，比如新能源电站的安全管理、风机的运维检修管理、输变电设备的运行维护管理等。此外，这些讲师深入研究和掌握电力行业的新知识和新技术，并在电力行业有十几年的从业经验，并在各自的岗位上做出了突出成绩。第三，具有较强的沟通能力。该类培训员工需要具有较强的表达能力，可以针对同一个知识点从不同角度论述，满足高职教师思维差异的学习需求。

②“双师型”技能培训班的课程教学。首先，课程教学的对象以及意义。此次课程教学的主要对象是高职风力发电工程基础专业以及机电一体化专业的骨干教师、专业带头人、教研室主任等。其目的是让这些人员掌握风力发电行业的新技能、新技术以及新动态，通过增强他们专业知识水平的高度、深度、广度，让这些高职专业授课者以及领导者更好地实行新型授课模式。比如本书中的现代学徒制授课形式，让参与培训的教师奠定多元化的理论和实践知识。其次，课程教学的主要内容方向。笔者主要从在线课程内容以及培训体系两个角度介绍课程教学的主方向。在线课程内容方面，其主要涵盖了风电场安全管理、风力发电组运营原理以及风电场系统结构与原理等基础内容，而这些内容具有技术应用性高、知识专业性强、理论与实践联系紧密的特性。在培训体系上，其主要涵盖了多种课程内容，包括新能源电站数字平台、新能源电站的安全管理、风机的运维检修管理、发电设备及输电设备的运行维护管理等。最后，课程教学的主要教学模式。该公司进行的课程教学的主要形式为线上与线下相结合的方式。在线上，该公司派遣 13 名资深讲师进行在线授课，并注重与本班学员进行有效互动，让他们可以通过交流、观看课件等形式更为直观地了解电力知识，比如风力发电机组的运行原理等内容，这种教学方式受到了学校领导以及班级学员的一致好评。在线下，该公司积极履行社会责任，打造出一支具有综合教学能力的讲师团队。基于此，院校一方面可以邀请该公司的讲师到本校进行实际指导教学；另一方面可以派遣本校教师到该企业进行针对性实习，接受讲师专业性的实践和理论指导，促进本校高职教师技术能力的提升以及专业知识的拓展，打造“双师型”教师队伍，为现代学徒制人才模式的开展铺平道路。

③“双师型”技能培训班的教学意义。本书中的“双师型”技能培训班的教学意义主要从院校、企业发展以及行业发展三个角度进行论述。在院校方面的表现为，学校通过让教师参与相应的培训，可以真正培养出既懂理论，又具有实践能力的院校教师，通过专业培训的方式，将其塑造成“工匠之师”，为“大国工匠”的培养提供充足的师资力量，也为现代学徒制人才培养体系的构建提供必要的“双师型”师资队伍。从行业发展来看，某风电技术有限公司与某院校携手构建“双师型”师资队伍，为新能源发电行业可持续发展道路培养“知识型”“技术型”“创新型”人才，提供肥沃的“教师土壤”，促进新能源电力行业的良性发展。从企业发展来看，企业通过进行“双师型”技能培训班建设，可以发现对本企业发展有利的人才，将其以兼职的方式纳入本企业的发展中，为企业注入新鲜血液。与此同时，通过此种国家级培训班的建设，企业可以获得更为丰富的培养新人的经验，并将这种经验运用在日后的企业新人的培训中，打造出更多企业需要的人才。

二、时代层面

（一）“双高计划”提出的时代背景与产教融合

1.“双高计划”提出的时代背景

随着“双一流”在普通院校中的提出，高职院校也迎来了“双高计划”。“双高计划”的全称是《教育部 财政部关于实施中国特色高水平高职学校和专业建设计划的意见》（教职成〔2019〕5号）。“双高计划”有利于我国实现建设一批具有中国特色，引领职教改革，支撑产业发展的骨干专业和高等职业学校，有助于实现我国教育的现代化，服务于我国国家战略的实现，促进区域的产业升级。

2.“双高计划”与产教融合之间的关系

产教融合是“双高计划”最为基本的办学形式，是推动职业化教学朝着良性发展的重要形式，还是开展“双高计划”的基本原则。此外，“双高计划”实现了产业与高职教育的创新性发展，一方面促进现阶段产业由粗放型向密集型转变；另一方面有利于推动现代化产业体系的建设，还有助于提高产业的核心竞争力。

3.“双高计划”对院校职业教育的启示

双高计划是在“新技术、新业态、新产业”的三重作用下应运而生。为了更好地适应现阶段的“双高计划”，中国特色的高水平高职院校，一方面需要紧紧跟随信息技术发展的步伐，构建具有信息素养的高职教师，让他们将信息技术运用到院校的职业化教育中，促进教师综合教学能力的提升；另一方面要推动职业教育的国际化步伐，塑造具有国际视野的高职教师，让这些教师将国际化的经验和知识投入我国现代学徒制的教学中，为现代学徒制人才培养质量保障体系的构建创造更多的可能性。

（二）以“双高计划”为背景，加强院校师资队伍建设的措施

1. 落实“双高计划”，培养高信息素养的师资队伍

（1）信息素养的基本构成。信息素养是指个人为了满足社会发展需要以及个人工作需要所必须具备的信息能力、信息知识以及信息品质的总称。笔者主要从两个层面介绍信息素养：一是信息意识。就意识层面而言，人们在主观方面对信息、信息化社会以及教育信息化的认识。二是信息能力。就实际应用而言，人们在实际运用信息的过程中呈现的各种能力，主要是指对于信息的获取、理解、分析、处理、创造、传递、理解以及运用的能力。笔者在此主要对信息能力进行主要介绍：①运用信息工具能力。院校教师需要能够熟练运用各种信息工具，尤其是网络传播工具，比如微信、抖音等。②获取信息的能力。院校教师可以根据现代学徒制教学的需要，灵活进行各种信息的获取，比如通过阅读网页、访问微博的方式进行相应信息的获取。③处理信息的能力。处理信息的能力主要分为以下部分：信息的解读、分类、甄别、整理、分析、概括以及表达等。④生成信息的能力。院校教师在进行信息处理的过程中，在借鉴个人思考以及生活经验的前提下，形成对信息的独有认知，并具备进行再次复述的能力。⑤发挥信息效益的能力。本部分中的信息效益包括经济效益和社会效益。就经济效益而言，院校教师学习优质教学课件的长处，将这种长处再次运用在教学课件的评奖中，以获得相应的经济收益。就社会效益而言，院校教师不以个人私利为目的，在网络上免费分享课件的行为。比如，院校教师将个人多年的教学经验发送到网上，让更多人借鉴和学习的这种行为。⑥信息的协作能力。以院校现代学徒

制课件制作为例，院校教师通过网络技术实现时空之间的对话，并以对话的方式制作课件，此即为信息协作能力。⑦信息免疫能力。院校教师在上网过程中对于信息的甄别、抵制的能力。

（2）培养教师信息素养的措施。为了提高院校教师的信息素养和适应现阶段院校发展的实际需要，院校需结合实际将人工智能技术引入院校，实现提高高职教师信息素养的目的。具体来说，院校可以运用人工智能从如图 4-4 所示内容入手，分析如何促进高职教师信息素养的提升。

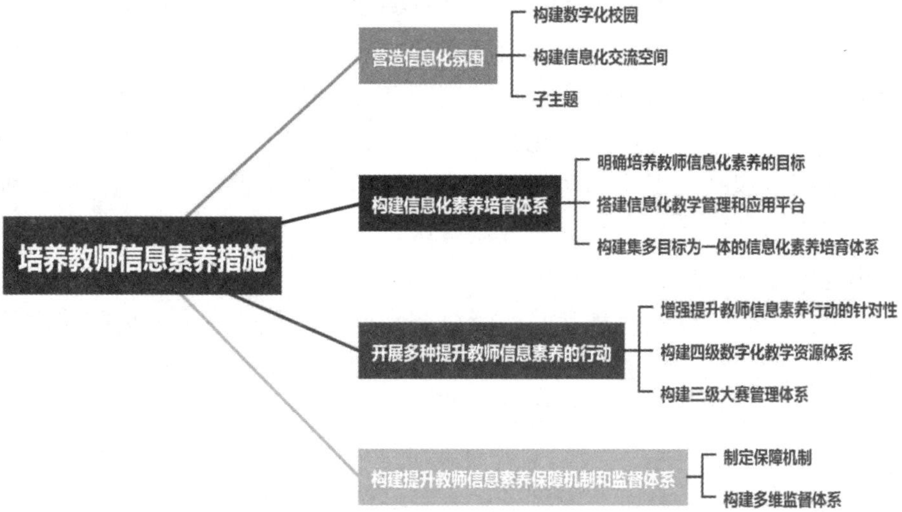

图 4-4　培养教师信息素养的措施

第一，营造信息化氛围。在塑造院校教师信息素养的过程中，院校一方面构建客观条件，可以构建数字化校园，完善相应的信息化硬件、软件设施，为教师的信息化学习创造良好的客观环境，让他们将信息技术运用在现代学徒制课件的制作中、优质教学课件的学习中；另一方面激发教师教学的能动性，构建信息化交流空间、平台，让教师在自主交流的过程中逐渐形成一种运用信息技术的意识，并掌握适应个人思维习惯的信息技术，促进教师信息素养的增强。总之，通过营造信息化氛围的方式，院校让教师通过应用信息技术硬软件设施从事多种教学活动，使他们在潜移默化中逐渐形成信息意识，具备应用信息技术的能力。

第二，构建信息化素养培育体系。在构建信息化素养培育体系的过程中，院校可以借鉴以下几点：首先，明确培养教师信息化素养的目标，为信息化素养培养体系的构建提供方向。其次，搭建信息化教学管理和应用平台，让教师在此平台获得信息素养的塑造以及信息技术综合运用能力的提升。最后，构建集多维监控、多元保障、多样提升、平台支撑以及目标引领为一体的信息化素养培育体系，增强院校教师信息素养培育的体系化和系统化。

第三，开展多种提升教师信息素养的行动。一是增强提升教师信息素养行动的针对性。院校可以构建信息化教学平台，重点从信息化教学建设、教师信息素养能力大赛、数字资源建设以及信息化教学研究四项入手，开展针对性的提升教师信息素养的行动。二是构建四级数字化教学资源体系。院校可以结合本校的实际状况，引入优质的信息化教学平台，并借助此平台开展数字化教学资源建设，建立"专业群 + 专业资源库 + 慕课 + 职教云课堂"的四级数字化教学资源体系。三是院校可以构建三级大赛管理体系，即从院级到省级，再到国家级，让教师在参与三级比赛的过程中提升信息素养。

第四，构建教师信息素养保障机制和监督体系。为了推动院校教师信息素养的形成，促进各项提升教师信息素养活动的有序进行，院校一方面需要制定相应的保障机制，比如通过制定制度的方式，制度有《信息化教学平台管理办法》《信息化课程认定管理办法》等，制定相应的教师信息化素养评价标准，为推动培养教师的信息化素养提供保障；另一方面构建多维监督体系，既要运用智慧校园中的网络平台，还需构建教学整改平台，让更多的主体参与整改平台的构建，比如学生、教师、二级学院等，注重让这些主体从教师教学的过程和结果中进行针对性的信息素养评价，激发教师参与提升个人信息素养活动的积极性，提高教师信息素养培育的有效性。

（3）增强教师信息技术的应用能力。①辅助教师有效教学。院校在进行人工智能促进教师信息素养提升的过程中，可以从以下三个角度切入。首先，院校可以让教师应用智能助手进行多种教学，比如针对部分学生在现代学徒制学习中产生的不良情绪，进行针对性的学生心理辅导；又如针对学生在学校现代学徒制中的理论和实际表现，进行相应的学生综合素质评价。其次，院校可以让教师运用人工智能技术，开发各种学习资源。比如，院校教师可以运用智能感知技术、增强现实技术，进行交互式情境的开发，让学生真正融入“真实性”的工作场景中，进行相应的学校实践，利用信息技术，延展现代学徒制课堂教学的广度和深度。最后，院校可以让教师运用大数据整理个人在院校现代学徒制中的教学数据，并将这些数据发送给本专业的教学专家，让其进行评判和指正，促进教师专业化现代学徒制人才培育能力的提升。②推动院校教育创新。院校教师可以运用人工智能实现以下教学功能。首先，成为学生有效学习的支持者和协作者。高职院校教师可以运用人工智能，对学生的现代学徒制中的理论学习和实践学习进行分析，了解学生的优势和不足，构建以学生为中心的现代学徒制理论授课模式，在满足每一位学生理论知识学习需要的同时，促进他们综合学习能力的提升，成为学生院校学习的支持者和协作者。其次，让院校教师成为创意工作者。教师将人工智能助手引入教学，可以真正从简单、烦琐的教学工作中解放出来，进而把更多的精力放在提高教学的创新性上，即围绕学生的实际学习能力以及具体的工作场景，运用多种信息技术，创新原有的授课模式，比如运用虚拟现实打造模拟工厂，让学生在此工厂中进行针对性的实践训练。③实现资源共享共创。实现教育资源共创共享，主要体现在以下两个方面：在共享方面，院校可以运用人工智能构建智慧校园，一方面实现教学课件在本校范围内的共享，让教师将制作的现代学徒制课件发布到智慧校园网络上，供后续的教师学习，实现现代学徒制课件在本校范围内的共享，另一方面实现校外课件的共享，即：将一些优质院校的现代学徒制课件引入到智慧校园网络上，并进行分类整理，让院校教师结合个人在现代学徒制人才培养过程中的漏洞进行针对性学习，促进他们综合学习能力的提升。在共创方面，院校可以让教师运用校园智慧网络从三方面共创现代学徒制课程：第一，共性问题。在进行校园式的现代学徒制的过程中，院校可以组织教师以及企业师傅针对本校教学存在的共性问题，进行针对性探讨，设置针对性课件，让院校教师在相互讨论以及企业师傅的协助下，深度分析现阶段的问题，并将改正的措施以课件的方式呈现，实现解决教师共性问题，和共同创建课件的目标。第二，前沿知识。在现代学徒制人才培养的过程中，院校教师除了要学习现阶段具有实用性的课程外，更需具有长远性眼光，真正从前沿性知识入手，构建前瞻性的课件。具体来说，院校教师可以借鉴以下步骤：首先，制作课件。本院校教师分别搜集各种前沿性知识，并结合个人的实际教学能力以及现有的教学设备，制作小课件。其次，讲授和评选课件。本校教师可以分别在校园网上发布个人制作的前瞻性课件，并让院校教师集体选择具有借鉴性和有价值的课件，进行针对性讨论。最后，构建课件。院校教师可以以较好的课件为课件制作的基础，再以小组为单位进行相应讨论，并运用网络对现有的课件再补充、再完善。在此之后，院校教师可以让企业师傅进行指正，让课件的制作更具有实践性，促进本校教师信息技术应用能力的提升。第三，优质课程。院校教师可以在网络上搜集优质课程，定期对这些课程进行评选，主要是从校外入手，进行优质课程的评选，分析其他教师制作优质课程的长处，并以小组的方式研究这种长处，将其运用在现代学徒制的实践中，促进本校教师信息素养以及课件创作能力的双重提升。

2. 落实“双高计划”，培养具有全球视野的师资队伍

“双高计划”是站在国家战略的高度，以全球视野谋求高职教育发展的新路径，赋予新时代院校职业教育国际化的新内涵和新要求。为此，院校有必要培育一批具有国际化视野的师资队伍，锻造一批具有国际化教学经验的教师，为中国现代学徒制人才培养质量保障体系的构建注入新的活力。在具体的落实上，院校可以借鉴以下两种方式：

（1）协同“走出去”企业搭建技术服务平台，丰富教师的国际实践经验。在进行国际化校企合作的过程中，高职院校可以以提供技术指导，以及派遣教师进行境外指导的方式，搭建与企业协同的技术服务平台，让院校教师真正在参与国际化技术协作的过程中，逐渐树立全球性视野。以西安航空职业技术学院为例，该学院为了培养具有航空特色的创新性人才，推动服务产业发展，积极参与中航国际加蓬职教项目，帮助其他国家构建职业院校，并派遣西安职业院校在航空方面的技术骨干以及教师，完成相关航空院校专业筹建方案书、航空维修工程实训中心建设师资培训计划、专业教学方案等，让本校教师在参与上述活动的过程中，逐步具备国际性视野，促进本校航空专业教师综合实践能力的提升，丰富他们的国际实践经验。

（2）协同企业组建标准研发组织，为世界职业教育的发展提供中国方案。院校可以协同企业“走出去”，与外国企业协作共同开发职业教育

中的各项标准，比如在教材、课程以及培训等方面的内容，实现我国职业教育标准的国际化，真正为世界职业教育的发展提供中国方案，提升我国在高职教育方面的影响力。比如，我国某职业院校与世界级别的汽车厂商共同制定的汽车机电维修专业中的评价标准、考核标准以及教学大纲。这些共同制定的内容既在我国机电维修专业教学中得到广泛运用，又被世界级汽车厂商所采纳，并运用在职业教育和培训的过程中。

综上所述，受到“双高计划”的影响，我国职业化教育逐步走向国际化，不断拓展与世界职业教育的边界、高度、深度，这也需要一批具有国际化视野的高职教师。为此，院校需要高度重视师资队伍建设，尤其是强化教师的专业教学能力，通过协同“走出去”的企业搭建技术服务平台和协同企业组建标准研发组织两种方式，为拓展教师的国际视野，增强教师国际化教学能力提供可能。更为重要的是，院校教师国际化教学能力的提升为现代学徒制方式的多元性开展创造出更多的可能。

三、学校层面

（一）建设职业院校教师教学创新团队

建设职业院校教师教学创新团队的意义有以下几点：首先，有利于促进全国职业院校“双师型”教师队伍建设。其次，有助于引领职业院校教学模式改革创新。最后，为构建社会主义现代化的技术型、创造型以及知识型人才提供良好的师资力量支撑。为了达到上述目的，在进行教师教学创新团队的构建中，院校需要讲究相应的方式方法，真正立足实际。在实际的落实上，笔者将围绕图 4-5 所示内容进行论述。

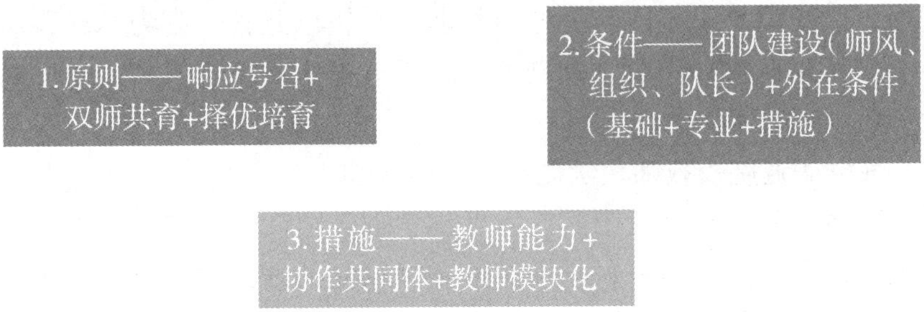

图 4-5　建设职业院校教师教学创新团队措施

1. 建设职业院校教师教学创新团队的原则

（1）响应号召，双重改革。院校在进行教师教学创新团队的构建过程中，需要响应教育部的号召，在职教二十条或职教法等引领下，巧借各种优质资源，即借助地方政府的力量以及各种优惠政策等，推动本校创新型教师的团队建设，实现人才培养模式和职业教学模式的双重改革。

（2）校企互助，双师共建。院校在构建教师教学创新团队的过程中，需要与企业展开密切的合作，注重在资源、人才以及制度方面展开深入合作，实现校企资源的优化配置，促进校企在教师教学创新团队构建过程中的有效互助。更为重要的是，院校可以采用外引内培的方式，注重从企业引入产业导师，真正补充本校教师教学创新团队的血液，让企业导师与本校教师相互学习，相互促进，推动本校教师专业知识水平和专业技能的双重提升，促进本校“双师型”队伍的构建。

（3）择优培育，严把质量。院校在培育教师教学创新团队的过程中需要注意以下四点：第一，认清大趋势。院校需要深入分析社会经济发展的大方向，牢固抓好产业转型的关键时期，把准企业对特定人才的需求，注重从产业需求入手，培养对应性的教师教学创新团队，为培养大形势下需要的专业化人才提供强有力的师资保障。第二，院校在进行教师教学创新团队的构建过程中，应注重优中选优的原则，构建科学的教师教学创新团队选择机制，通过设置公开、透明的规则，选择出优质的教师教学创新团队，让其成为构建中国现代学徒制人才培养质量保障体系中的重要师资力量之一。第三，院校在进行教师教学创新团队培育的过程中，要注重实行动态管理的原则，既要对团队建设中的优势给予肯定，又需及时指出团队中的不足，打造高素质的教师教学创新团队。与此同时，院校需要设置严苛的考核机制，真正以此种机制为标尺，对教师教学创新团队进行审核，辅助器不断提升团队的综合水平，促进高质量教师教学创新团队的产生。

2. 成立职业院校教师教学创新团队的条件

（1）高尚的师德师风团队。教师教学创新团队中的高尚师德师风主要体现在以下三点：第一，全面解读和贯彻党的方针政策。教师教学创新团队需要深入解读、贯彻教育教学方针以及政策，并在日常的教学中落实“四个相统一”和“三全育人”的相关方针。第二，树立正确的价值观。职业院校教师教学创新团队需要积极贯彻社会主义核心价值观，尤其是继承和传播时代精神，在日常的教学工作中坚守工匠精神、职业精神以及专业精神。第三，落实以德教学。职业院校教师教学创新团队中的每一位成员都需要落实以德教学的原则，真正做到以德立教、以德立学、以德立身。

（2）科学合理的教师团队。教师团队的科学合理性体现在以下三点：首先，教师团队的专业结构合理。团队中的任职教师必须包括专业核心课教师、专业基础课教师以及公共基础课教师。其次，教师团队人数比例合理。在团队中，要有 15 到 20 人左右的骨干成员；有一半的团队成员为“双师”教师；再有三成到四成的成员拥有高级专业技术职称；最后至少有五名五年以上工作经验的行业企业高级技术人员。

（3）能力突出的团队队长。团队队长的突出能力主要体现在以下四点：第一，团队队长需要具有相应专业的背景，具备丰富的实践经历，承担过专业带头人的角色。第二，团队队长需要具备勇于改革创新的魄力、优秀的团队组织能力和协作能力，在相应专业中有突出的成就。第三，团队队长以具有高级职称为最佳，年龄最大不能超过55周岁。第四，团队队长需要熟悉“三标准”，分别是该专业的职业标准、职业技能的等级标准、该专业的教学标准。第五，该团队队长需要具备牵头构建以下工作室的能力，比如技能大师工作室、“双师型”名师工作室以及教师技艺技能传承创新平台等。

（4）良好的教学改革基础。教师教学创新团队所在的学校具有良好的教学改革基础。教学改革基础包括以下几方面的内容：首先，重视改革，勇于尝试。该团队所在的学校重视改革，并勇于将最新的教学研究成果融入教学改革。比如，注重将信息技术与高职院校的教学改革进行完美融合，促进院校现代学徒制教学的创新。其次，开发新资源，实践出真知。该院校具有开发国家级职业教育专业教学资源以及国家级在线开放课程的能力，并将开发的课程真正运用到实践中，不断进行反复的总结，再实践，让教师在此过程中增强专业教学水平。最后，该团队所在的学校获得过国家级教学成果奖励。

（5）优势明显的特色专业。特色专业的明显优势主要体现在以下方面：一是该院校具有良好的校企合作基础，具有订单培养、现代学徒制试点以及集团化办学的经验。二是具备承接国家、省级重大课题的能力。三是，该学校特色专业的学生不仅就业率高，而且在该专业的全国、省级比赛中获得优异成绩。四是，该校的特色专业为国家级重点支持专业，而该学校承担过国家级教师培训任务。五是该学校具有良好的中外合作基础，在推动国际职业院校与国家企业之间的良好合作方面具有丰富的经验。

（6）完善健全的保障措施。构建教师教学创新团队的完善性措施主要是指：第一，学校有经费保障。院校在意识上重视教师教学创新团队，并设立与此团队相对应的工作专班，保证每年在该团队上有足够的年度预算。第二，学校有良好的实训条件。院校一方面有长期稳定的企业合作方；另一方面具有产教融合的实训基地，还有先进的实训设备，满足教师教学创新团队的能力培养，以及成员教学活动的开展。第三，学校有完善的制度。院校不仅具有健全的教师发展制度，而且还具有学分制改革的工作基础。总之，经费、实训、制度是推动院校教师教学创新团队建立的重要保障。

3. 建设职业院校教师教学创新团队的措施

（1）提高团队中教师的教学能力。在提高团队中教师教学能力的过程中，院校可以从团队和个人两个角度入手，增强团队中教师的教学能力。具体来说，院校可以从两个角度切入：第一，立足团队。在立足团队开展提高教师教学能力的过程中，院校一方面可以从建立国际化的团队建设入手，构建全队教学能力考核制度，定期进行考核排名，促进每一位团队中的成员积极地投入提升个人专业授课能力中；另一方面优化团队人员的配备结构，引入高技术人员，让高技术人员与原有团队人员进行交流，彼此学习，相互促进，促进团队成员综合教学能力的提升。第二，立足个人。院校可以从提升个人的角度提升教师教学能力，可以借鉴以下两种方式。方式一，开展专项培训，促进教师教学能力以及教学素养的双重提升。院校可以开展专项培训，重点从提高教师的职业技能、教学水平、课程开发以及专业协作教学入手，开展相应的培训，注重增强教师的专业课程开发能力、模块化教学设计能力、团队协作能力以及教学评价能力。方式二，开展专项实训。院校可以定期组织教师参与企业的生产，让他们学习先进的企业生产技术，积累丰富的实践教学经验，提升教师的综合教学能力。

（2）打造团队建设协作共同体。本书中的协作共同体包括两方面的内容：第一，以院校为单位，构建院校间的教师协作共同体。第二，以校企为单位，构建校企协作共同体。在构建院校为单位的教师协作共同体时，院校可以从以下两大方面入手：其一，以共同的专业领域为依据，院校之间可以构建校企协作共同体，在把握产业发展趋势的同时，共同探讨以下问题：实现教学过程与生产过程对接的方式、实现职业标准与课程内容对接的方式、满足产业需求与专业设置对接的形式，并在深入探讨上述问题的过程中不断促进教师教学创新团队综合教学水平的提升。其二，拓展院校之间的协同面。院校之间需要加强彼此合作，注重从以下两方面入手：一是扩大院校之间在职业技能等级证书培训考核、教学改革、人才培养以及团队建设方面的协同面。二是拓展院校之间在资源共享、合作研究以及人员交流方面的协同面。其次，构建以校企为单位的命运共同体，在构建全面深度的合作中，注重对实训基地、人员互聘、资源开发、技术创新、教师培训以及人员互聘方面的合作深度，实现“双元”育人机制的构建和完善，真正打造具备培养技术型、知识型、创造性于一体的复合型人才的师资队伍。

（3）构建符合职业标准的课程。在构建符合职业标准的课程中，院校可以借鉴以下四种途径：第一，实现“1”和“X”的有机衔接。为了构建符合职业标准的课程，院校在进行课程设置时，需要考虑企业生产的实际需要，即：“X”（其主要是指企业生产中的新规范、新工艺和新技术）。此外，此部分中的“1”是指学生在院校中主修的专业。为此，院校有必要将企业生产中的“X”纳入课程体系的构建中，通过专业机构设定职业技能评定标准，构建学历证书与职业技能等级证书相融通的机制，让学生在锻炼个人专业技能的同时，获得专业机构的认可，这也需要教师加强对个人专业技能的锻炼，为提高学生的职业技能提供良好的师资保障。第二，构建模块化课程设置方案。在进行模块化课程方案的制定过程中，院校需要深入研究专业课程，并注重从专业核心课程的核心模块单元进行针对性的教学资源开发，注重将此核心模块单元与企业的优质课程进行衔接，借助智能化教学环境开展专业课程的重构，开发新型的专业教学资源，为促进教师教学能力的提升，以及增强学生专业能力创造条件。第三，推动课堂教学革命。在进行“1”+“X”的有机衔接以及构建模块化课程的设置方案后，院校可以组织教师教学创新团队进行集体配、备课，开展协同性的课程教学，将上述课程内容落实在高职教学中，实现课堂教学的新一次革命。

（4）实现创新团队教学模块化。为了实现创新团队教学模块化，院校可以在实际的教学中落实以下举措：

首先，将技术技能教学与思想政治相统一。为了达到此种目的，在模块化教学的过程中，院校教师一方面要以学生为核心，构建出工学结合、德技并修的育人模式，并注重结合职业教学的特点，构建大格局式的课程思政和思政课程，落实“三全育人”的授课方式，实现思想政治教育与技术技能教学的有机融合。

其次，支持团队中的教师形成具有个人特色的教学风格。为了让团队中教师的教学更具有个人特色，院校可以引入国家级团队教学改革课题，并注重引入创新模块化教学模式，落实多元化的授课方法，比如工作过程导向、项目式教学、行动导向教学等，即通过不同的教学方法满足不同教师的教学需要，促进他们个人特色教学风格的形成。

再次，构建分工明确的团队教学任务。在进行专业课程建设的全过程中，院校需要设置课程建设内容，并注重从学习管理与评价、课程结构再造、教学流程重构、课程标准开发、人才培养方案制定等方面入手，让每一位教师有其固有的课程开发职责，让教师在履行个人职责以及与其他教师进行相互协作的过程中，获得专业教学能力的提升。

最后，推进信息技术与职业教学的融合创新。院校教师可以将各种新技术融入课程建设以及授课中，比如虚拟技术、大数据、人工智能等，一方面可以检测教学过程、学生的学习情况、学业诊断等；另一方面可以结合学生的实际学习情况，针对性提供相应的学习资源，促进职业化教学的精准性，有效利用信息技术，推动职业教学的创新和发展。

第二节　加强岗位师傅管理

一、岗位师傅的选拔与任用

（一）岗位师傅的选拔

1. 岗位师傅的选拔条件

（1）主观条件。在思想方面，岗位师傅需要具有较强的思想政治素养和思想道德境界。在利益方面，岗位师傅需要具备乐于助人的心态，真正对职业教育事业充满热爱，可以在必要的条件下，为了现代学徒制的开展牺牲部分个人的时间、精力。此外，岗位师傅需要具有较强的责任心，对待工作认真负责，具备较强的工匠精神和劳模意识。在思维方面，岗位师傅需要具备较高的换位思考能力，既要具备表达个人观念，准确论述工作流程以及原因的能力，又需具有站在学徒角度思考问题，表达观点的能力，并注重在结合学徒实际性格以及技术水平的基础上，设定相应的执行策略，真正让学徒在实习中获得良好心理的塑造以及个人综合职业技能的提高。在心理方面，岗位师傅需要具备较为丰富的心理知识，一方面用积极的情绪感染学生；另一方面为学生的心态调整提供帮助，促进整个现代学徒制人才培养的顺利进行。在观念方面，岗位师傅需要具有足够的耐心，既可以对学徒进行耐心指导，又能够设定与学徒实践水平相贴合的挑战性任务。在师傅的细心教导下，学徒能够突破自我，获得全面成长，这对岗位师傅的耐心提出了更高要求。

（2）客观条件。①技能条件。岗位师傅一方面需要具备丰富的一线生产经验，尤其是需要具备至少五年以上的从业经历，另一方面需要具备相应的职业技能等级证书，比如高级技师技术等级证书、高级工等级证书、中高级专业技术职务证书。此外，岗位师傅需要具有一定的文化学历，比如大专及以上学历。②其他客观条件。岗位师傅的年龄需要保证在 65 周岁以下，其中女性岗位师傅的年龄需要保证在 60 周岁以下。除此之外，岗位师傅在应聘过程中需要得到所在单位的认可。

2. 岗位师傅的选拔流程

（1）申报计划。院校可以以书面的形式向综合管理申报处申报下一年的兼职教师计划，并让其制定相应的企业师傅招聘启事，尤其重点向对口合作企事业单位宣传，旨在招聘到德才兼备的企业师傅，为学校“双师型”队伍的构建提供新鲜血液。

（2）确定人选。在确定人选的过程中，院校需要遵循择优、公平、公开的原则，并严格按照招聘的标准和程序进行。笔者在此简要介绍确定人选的程序。首先，职业院校根据校企合作中现代学徒制的开展状况，以及实际的人才培养需要，确定企业师傅从事的岗位以及其所具备的任职条件。其次，职业院校需要对应聘的企业师傅进行理论、实践的考核，并通过面试的形式加深了解企业师傅职业之外的内容，比如企业师傅的沟通能力、思维方式等，实现更为全面的考核。最后，职业院校公示确定的人选。

（3）聘用人选。在聘用人选前，院校需要再次得到岗位师傅所在单位的同意。在此之后，院校需要与企业师傅签订相应的聘用协议，并在企业师傅正式上岗前，对其进行针对性的岗前培训。让企业师傅了解学校的文化以及相应的管理规章制度，在约束企业师傅行为的同时，让他们更好地适应学校，促进各项现代学徒制人才培养措施的落实。

3. 岗位师傅的选拔类型

（1）专家型兼职企业师傅。专家型兼职企业师傅的特点如下：首先，技能水平。专家型兼职企业师傅需要具有丰富的从事本专业的实践经验以及理论知识。其次，指导能力。专家型兼职企业师傅一方面需要具备指导专业学生进行课程学习的能力，另一方面需要在多个方面指导青年教师，比如课程标准的建设、核心课程的建设、教学计划的制定和审核。再次，预见能力。专家型兼职企业师傅需要具有较强的预见能力，即在把握整个行业发展趋势的前提下，深度分析本行业的新动态、新方向，并做出相应的调整。最后，整合能力。专家型兼职企业师傅需要具有较强的整合能力，尤其是整合各种校内外与现代学徒制开展相关的资源，解决各种现代学徒制育人过程中出现的问题，推动此种育人模式走向新的台阶。

（2）技能指导型兼职企业师傅。技能指导型兼职企业师傅的特点：首先，会技术。具备高超的技术水平，具有丰富的实践经验，可以创造性地解决生产过程中的大部分问题。其次，懂沟通。需要具有较强的沟通能力，既可简明扼要地指出问题，又能深入浅出地表达问题，解释问题出现的原因以及制定具体的应对策略，让学徒可以迅速理解。最后，有责任心。需要具有较强的责任心，一方面对个人的工作负责，通过认真工作，落实工匠精神，感染学生；另一方面对学徒负责，落实言传不如身教的教学理念，通过一次次的现场示范，让学徒信服，并真正将企业师傅的观念以及操作方式融入未来的工作中，发挥生产过程中的育人作用。

（二）岗位师傅的任用

1. 岗位师傅的权利与义务

在企业师傅与高职院校双方充分自愿的前提下，达成相应的工作协议，明确岗位企业师傅在实际现代学徒制人才培养过程中的权利和义务。笔者对其中的部分内容进行简要介绍。

（1）权利。①为岗位师傅购买工伤保险。假如岗位师傅在工作中发生工伤，则需要以岗位师傅受伤所在的位置，即学校或是企业来判定承担岗位师傅工伤的企业责任。②为岗位师傅提供良好工作环境，积极地完善学校专业性的基础用地建设、设备引进建设等，结合学校实际构建与企业生产环境十分接近的工作环境，一方面让企业师傅投入其中；另一方面使学生真正在模拟真实工作的场景中，更为高效地掌握相应的专业技能。为此，院校需要为岗位师傅提供良好的工作环境。

（2）义务。岗位师傅需要严格遵守所在高职院校的各种规章制度，认真履行相应的职责，并按照兼职教师评价标准进行针对性的教学，并及时向所在学校反应各种培训过程中的突发状况，促进现代学徒制人才培养的顺利开展。

2. 岗位师傅的工作内容

在进行师傅管理的过程中，校企需要全面了解岗位师傅的价值，在尊重岗位师傅劳动成果的基础上，合理制定相应的劳动内容，一方面让岗位师傅成为推动现代学徒制人才培养质量保障体系的重要助力之一，另一方面让岗位师傅真正明确自己具体的工作内容，更好地与学校、企业配合，促进现代学徒制的有效开展。在具体工作内容的制定上，笔者注重从图 4-6 所示的内容进行简要论述。

图 4-6　岗位师傅的工作内容

（1）参与制定人才方案和课程。在现代学徒制的推进过程中，院校需要避免传统的闭门造车思维，真正让岗位师傅参与人才方案的制定，构建企业师傅与院校教师相互交流的平台。在双方了解企业所需人才的标准以及院校学生实际水平的基础上，设定接近实际的人才目标；在结合学校实际的基础上，制定相应的人才培养方案。在课程建设中，院校需要以人才培养方案为指导，注重让岗位师傅参与具体的课程设置。具体来说，岗位师傅与院校教师在进行课程设置时，可以借鉴以下方式：设置具有层次性的现代学徒制课程，并重点从职业素养课程、技能基础课程、岗位群技术技能课程以及学徒个人职业发展课程入手，以学生的职业生涯规划发展为核心。在前期，让学生通过学习职业素养课程，体验实际的工作环境，真正产生工作的兴趣，并将这种兴趣与具体的专业课程学习紧密联系；在中期，让学生进行岗位实践，提高他们的专业技术水平；在后期，通过一体化课程，让学生在岗位实习中获得专业技能的锻炼，培养出适合现代工业生产发展需要的人才。总之，院校需要让岗位师傅积极参与人才方案以及课程的建设，推动现代学徒制的良性发展，为社会提供更多高素质的人才。

（2）传授实践性的知识和技能。在具体的工作过程中，企业师傅需要凭借个人丰富的实践经验，以及学生从事的实践内容，针对性地传授知识和技能。在实际的工作过程中，企业师傅首先需要了解学生的具体实践内容，其次根据学生的实践表现，判断他们的实践基础和水平；然后通过沟通和观察，了解他们的性格，并进行针对性的实践指导。比如，针对一些性格较为内向、自信心不足的学生，岗位师傅需要有足够的耐心，让这类学生独立完成较为简单的实践内容，使他们逐渐树立自信；针对较难的部分，岗位师傅可以进行示范，让学生在仔细观察中掌握操作的核心技能，并通过不断尝试的方式掌握相应的操作方法，达到传授实践性知识和技能的目的。

（3）传播良好职业道德和素养。在现代学徒制人才培养的过程中，岗位师傅要和学生进行长期的相处，对学生的价值观、职业观的形成具有重要影响。在实际的带徒过程中，岗位师傅需要传播良好的职业道德和素养，让学生切实感受到工作的意义。具体来说，岗位师傅在工作过程中需要具有强烈的工作责任感，对待工作认真负责，即通过一遍遍对工作内容的反复检查，确定实际工作万无一失；为了实现集体奋斗目标，积极牺牲自我休息时间，不断在自我牺牲中实现集体价值等。在实际的岗位实习中，岗位师傅需要通过个人的言行，真正感染学生，让学生在内心的深入认识到工作不仅是获得物质生产资料的方式，而且还是获得精神快乐的重要源泉，实现人生价值的重要方式，使他们在实践中逐渐受到岗位师傅的感染，促进学生良好职业道德和素养的形成。

二、提高岗位傅教育教学水平的策略

（一）实行岗位师傅轮岗换课

轮岗换课是指岗位师傅与院校教师互换岗位，尤其是，岗位师傅要参与院校授课，并逐步在教师的指导下掌握相应的教学方式，制定与学生实际学习水平以及兴趣爱好相符的授课模式。在实际的轮岗换课的过程中，院校可以参考图 4–7 所示内容。

1. 熟悉课堂教学

为了增强岗位师傅开展课堂教学的平顺性，院校首先需要让岗位师傅熟悉整个课堂授课氛围以及注意的要点。在具体的熟悉课堂的教学过程中，院校可以从以下几个角度切入，促进岗位师傅教育教学水平的提升。

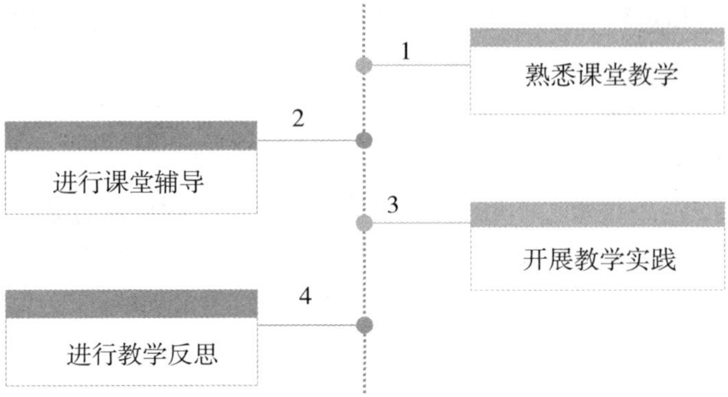

图 4-7 实行岗位师傅轮岗换课

（1）学习课堂授课。岗位师傅可以向院校教师学习授课的方式以及相应的注意点，并注重听取在课堂教学过程中的流程，在教师的指导下逐步掌握相应的课堂教学方法。更为重要的是，岗位师傅除了要聆听教师课堂授课的注意点外，更为注重联系个人丰富的实践经验，着重分析课堂授课与个人优势之间的契合点，让岗位师傅在教学的过程中充分发挥优势，并逐步树立自信心，积极地投入学习过程中，促进授课能力的提升。

（2）观摩课堂授课。岗位师傅在掌握整个授课流程后，可以观摩教师的课堂授课，并注重采用一一对应的方式，即将教师的实际授课流程与师傅自己讲授的授课流程进行一一对应，更为深入地理解课堂教学的特点和优势。与此同时，岗位师傅需要在观摩的过程中，记录个人存在的困惑以及好的教学点子，并在教师下课结束后，积极进行讨论，为后续个人的课堂教学奠定理论基础，让岗位师傅对个人的课堂教学充满期待。

2. 进行课堂辅导

本书中的课堂辅导是指岗位师傅以助教的方式参与课堂，并通过融入课堂教学的方式，感受与学生互动的快乐。更为重要的是，在此过程中，岗位教师需要积极思考：教师教学是如何与学生互动的？这其中有何技巧？与此同时，岗位师傅需要记录这些灵感，并积极地在课下向学校教师请教，逐步掌握课堂教学中的教学流程以及与学生的沟通技巧等，为后续的课堂教学实践奠定相应的理论和实践基础。

3. 开展教学实践

在开展课堂教学实践的过程中，岗位师傅可以借鉴以下两个步骤。第一，课前准备。在进行此步骤时，岗位师傅可以结合具体的校企合作实训内容，制作相应的教学流程，并以思维导图的方式绘制此流程。更为重要的是，岗位师傅可以寻找课堂教学内容与个人生产实践的契合点，在发挥个人教学优势的同时，为学生拓展课堂实训内容，让学生在真实的工作情境中体会职业人优良的职业品格。在形成基本的课堂教学方案后，岗位师傅可以与学校教师交流，共同修订和完善教学方案，为顺利推动课程教学创造条件。第二，课中执行。在具体的课堂实践中，岗位师傅可以依据思维导图中的内容作为实际授课的重要依据，并积极地与学生互动，丰富授课的内容，调动学生学习的积极性。与此同时，岗位师傅应注重从个人工作实践入手，结合具体的授课内容，将个人丰富的实践经验融入其中，让学生感受到课堂学习的趣味性，让他们在具体案例的学习中逐渐受到事件主人公优良品格的影响，促进学生职业素养的提升，促进岗位师傅教学自信心的建立。

4. 进行教学反思

岗位师傅在进行教学反思的过程中，可以从以下三个角度入手。首先，从反思的过程性和结果性入手。岗位师傅可以以结果为核心，反思整个教学过程，发现其中的问题，并探究其解决策略。其次，从心理活动和思维方式入手，岗位师傅在进行教学反思时，应注意从个人在课堂教学过程中呈现的心理活动入手，即通过写教学日志的方式，描绘个人的心路历程，尤其是在课堂教学中的所思所想，并分析其中存在的问题。与此同时，岗位师傅可以在网上搜集其他教师的课堂教学心路历程，通过与个人教学日志相对比的方式，树立正确的课堂教学思维和思路，促进教学问题的解决，提高个人课堂实践教学的质量。最后，从多元性主体评价的角度入手。岗位师傅可以从多主体评价的角度入手，除了进行自我评价和反思外，更应注重从他人的视角进行教学反思，比如从参与课堂教学的学生、学校教师等入手。借助他人的视角可以从更为多元的角度发现课堂教学的问题，从而进行全方位的纠正，促进岗位师傅教学能力的提升。总而言之，通过从三个角度进行反思，并将反思的结果再次运用到课堂教学实践中，不断完善个人的教学思维，逐步树立教学的自信心，促进个人课堂实践教学的水平的逐渐提升。

（二）鼓励岗位师傅得“双证”

本书中的“双证”授课主要是指岗位师傅不仅具有本行业的从业资格证，而且还具有教师资格证。为了促进岗位师傅教学教育水平的提升，院校可以在企业允许的情况下，开辟绿色通道，组织本科及以上学历的岗位师傅参与适应个人综合学习能力的相应级别的教学资格证考试，让他们通过系统的教师从业资格学习，成为一名兼具从业资格和教学资格的“双证”岗位师傅，实现岗位师傅教育教学能力的全方位提升。

（三）推进岗位师傅顶岗进修

岗位师傅可以结合企业生产的淡旺季以及个人的实际意愿，在企业同意的前提下，向院校提交顶岗进修申请，即在拥有教师资格证的前提下，到院校进行阶段性的教学实践，参与院校的教学过程，在教学的环境中实现综合教学水平的提升。更为重要的是，岗位师傅可以参与学校教学的全过程，与其他教师一同备课；参与院校教师的教学讲评，在学习他人教学方法、自我教学反思以及他人的教学评价中，逐步获得教育教学水平的提升。

（四）完善岗位师傅教育制度

为了提高岗位师傅教育教学水平，可以尝试通过完善岗位师傅教育制度的方式，即分别从企业层面、学校层面、政策层面三个角度入手。在企业层面，企业将岗位师傅的实际教学教育状况作为依据，设置相应的考核制度，在肯定岗位师傅对院校教育付出的同时，让他们真正通过相应的制度获得物质补贴。在学校层面，院校一方面可以利用学校资源，组织院校教师与岗位师傅在教育教学的理论以及方法方面进行沟通交流；另一方面教育教学方法取得突出成就的岗位师傅可以申请相应的高级职称，这样才能让更多的企业师傅投入院校教育教学。在政策层面，各级、各地区政府可以加大对职业院校校企合作教学方面的资金支持，让这些资金得到有效的运用，使参与产教融合中的每个主体都获得相应的报酬（其中包括岗位师傅），提高岗位师傅参与教育教学的积极性。

第三节　构建双师协同机制

一、双师协同机制的内涵

双师协同机制构建的内涵：通过构建双师协同机制，主要是为了实现岗位师傅与院校教师交流的无缝对接，让双方可以针对学生的企业学徒情况以及课堂学习状况进行针对性交流，在全面了解学生学习的基础上，制定相应的现代学徒制人才培养方案，实现双师教学效益的最大化，促进学生综合技能的提升。

二、双师协同机制的类型

本书中的双师协同机制的类型重点介绍的是学校教师和企业师傅之间无缝对接这一类型，使二者在沟通的过程中从感性方面增进彼此的理解，形成相互的默契；在理性方面更为客观地分析相应的现代学徒制问题，促进人才培养质量的提高。在具体的论述过程中，笔者着重从网络沟通这一形式入手，并结合图 4-8 所示内容，进行详细的论述。

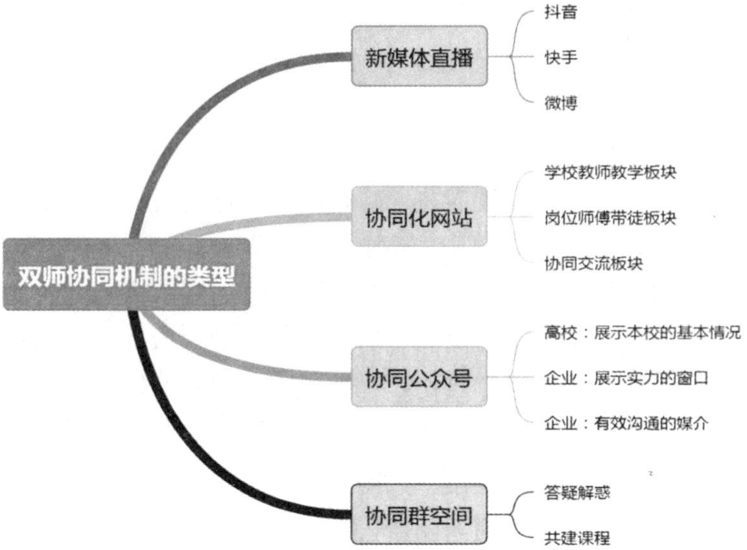

图 4-8　双师协同机制的类型

（一）新媒体直播

新媒体直播主要包括多种直播方式，比如运用不同的软件，即抖音、快手、微博等，进行现场化的沟通，让学校教师以及岗位师傅直观反映在实际现代学徒制培养中出现的问题，共同探讨相应的解决方案，在达成一致的前提下，促进现代学徒制教学问题的解决，提升现代学徒制人才培养整体的质量。

（二）协同化网站

协同化网站是双师进行静态化交流的网络空间。此网站主要分为学校教师教学板块、岗位师傅带徒板块以及协同交流板块三大模块。构建协同化网站的目的，一方面有利于双师了解彼此的工作环境、思路以及方式，为后续协同化课程的制定搭建坚实的认知基础；另一方面有利于双师在此网站表达个人在现代学徒制人才培养中的理念和方法，并通过沟通的方式，激发双师在育人方式和理念方面的灵感。在达成双师共识的基础上，制定对应的现代学徒制校园课程以及企业实训课程，促进现代学徒制教学活动的有效开展。

（三）协同公众号

协同公众号是展示学校和企业的窗口，也是增进学校教师与岗位师傅相互了解的平台。对院校而言，院校可以通过此公众号对本校的基本状况进行全面的介绍，比如学校概况、机构设置、教学改革、师资队伍、招生就业、创新创业、产教融合、继续再教育、国际交流、校园文化以及校友会等。对企业而言，企业可以通过公众号作为展示本企业实力的窗口，并通过几个简单的栏目，让院校教师对企业的概况有一个整体的了解。比如，在汽车类企业公众号建设的设定中，企业可以从以下角度入手：关于企业、企业品牌、数字展厅、新闻资讯、科技车型、投资者、商务合作等方面，并在每一栏设置子菜单，让学校教师真正通过公众号了解企业的实力，感受企业文化的影响，成为宣传企业文化的重要传播者。

与此同时，双师可以运用此公众号展示企业以及学校在重大活动以及各种与现代学徒制人才培养相关的信息，实现教学信息的有效沟通，促进现代学徒制教学活动的有效开展。

（四）协同群空间

协同群空间是形成即时性反应信息，节点性达成共识的平台。对院校教师而言，可以运用此平台完成以下任务：一是答疑解惑。教师可以在现代学徒制课程内容的开展过程中反映问题，比如贴近实际生产，却没有针对性理论支撑的实践性教学问题，获得企业师傅的解答，促进后续现代学徒制活动的开展。二是共建课程。院校教师可以通过此空间参与现代学徒制课程的构建，一方面在课下与岗位师傅协同参与相应的实践活动，另一方面通过此种空间将实践活动理论化，并形成相应的实训步骤，结合个人的教学经验，在与其他教师的讨论过程中让实践活动更具有课程的特征，促进实践课程的形成。由此可见，协同群空间为双师的高效、良好合作提供了新的可能。

三、双师协同机制的应用

在此部分内容的论述过程中，笔者以实例的方式介绍双师协同机制的应用。具体来说，笔者着重从以下几点切入：首先，发现问题。学校教师在进行实训的过程中发现机器出现一列错误代码。针对这种状况，学校教师通过新媒体直播中的抖音拍摄出现故障的现象，并及时发送到协同群空间中，让更多的企业师傅观看到此种现象，并提出相应的解决方案。其次，讨论问题。学校教师可以在协同群中，让更多的师傅参与问题的具体讨论中来，并将师傅讨论的策略进行分类整理，制作成相应的解决方案名册。再次，执行策略。院校教师可以邀请岗位师傅参与实际的问题指导，并结合讨论的策略解决实训问题。最后，整理案例。院校教师可以将在生产过程中产生的问题以及具体的解决策略，还有最终的实施效果制作成案例，发布到协同化网站的学校教师教学板块上。总而言之，构建双师协同机制的作用是，搭建双师交流的平台，让他们通过及时、深入的交流，解决现代学徒制中的问题，促进现代学徒制人才培养活动的顺利开展。

第五章　优化现代学徒制过程来弥补人才培养保障体系“漏洞”

随着中国现代学徒制人才培养质量保障体系的不断完善，其在推动人才培养的同时，也存在一定的不足，这也是此种育人模式提升空间的方向。针对其中的不足，校企生三方运用 PDCA 管理模式，立体化、全面性分析影响现阶段中国现代学徒制人才培养质量保障体系课程的原因，并通过综合运用“学分银行”、考核机制，分析现阶段课程教学存在的“漏洞”，并制定相应的策略，旨在优化相应的课程教学过程，最终实现提升现代学徒制人才培养质量的目的。

第一节　运用 PDCA 闭环管理发现“漏洞”

一、PDCA 闭环管理

（一）PDCA 闭环管理概况

PDCA 闭环管理的提出人是美国的质量管理专家戴明。此闭环管理中的 P，即 plan（计划）；D 即 do（执行）；C 即 check（检查）；A 即 action（行动）。此种闭环管理方式有三个流程。首先，处理总结的检查结果，并将其划分为成功的经验以及失败的教训两个部分。其次，对待成功的经验，人们可以将这些经验升级为理论，并不断尝试运用理论，将丰富和完善理论，实现实践活动的标准化和高效化。最后，对待失败的教训，人们可以进行深入分析，进行深度总结，探究出问题的解决策略，并将其再次投入新的 PDCA 闭环管理中，促进最终问题的解决。

PDCA 循环是一种进行系统性、动态性、全面性质量管理的基本方法。为了更为有效地落实此种方法，相关人员在运用此种方法时，一方面需要搜集大量的数据，另一方面需要综合运用多种管理技术和方法。在实际的 PDCA 循环过程中，通常包括 4 个阶段和 8 个步骤，下文会进行详细论述。

（二）PDCA 循环的三个特点

（1）周而复始。PDCA 循环的四个过程不是一次性的完结，而是一个动态化的、周而复始的过程。在周而复始的循环过程中，人们运用此种方式解决一部分问题，保存一部分问题，并将保存的这部分问题再一次投入新的 PDCA 循环过程中。而在解决这个新问题的过程中，可能会出现三种情况：第一种情况，解决目标问题；第二种情况，解决目标问题，出现新问题；第三种情况，未解决目标问题，已出现新情况。由此可见，PDCA 循环是一个周而复始，循环往复的闭环性问题处理的过程。

（2）方法科学。PDCA 循环管理的方法科学主要体现在运用了两种方法，分别是 QC 的七种工具（比如调查表、简易图表、排列图、因果图、直方图、控制图以及散布图）和工业工程（IE）中的工作研究方法（比如 KJ 法、防呆法、奥斯本检核表法、定量分析法、TOC 法、三色笔法、逆向头脑风暴法等），这些都是为了更加科学地发现问题、分析问题和解决新问题。

（3）阶梯上升。此种循环管理方式的发展态势并不会一直处于同一水平面上，而是一个不断上升的过程，即每经过一个循环，就会解决一部分问题，完成一次上升并在解决下一个问题中完成新一轮的上升。即按照此种方式，完成阶梯式上升的目的。

（三）PDCA 闭环管理的优势

PDCA 闭环管理的优势主要体现在以下三点：首先，此种管理模式是一种持续性优化的过程，可以针对现实中的问题进行不断地优化，促进现实问题的有效解决。其次，此种管理模式所总结的经验具有较强的普适性，此种普适性可以运用在具体的工作过程中，实现工作效率的提升。最后，此种管理模式具有较强的总结性，此种模式的应用者可以通过总结和反思的方式形成具体的经验。

（四）PDCA 闭环管理的原则

（1）全员性原则。在进行 PDCA 闭环管理的过程中，研究人员需要让所有成员参与其中，并注重从参与的各个方面入手，比如工作主体、工作环节、工作内容等，进行对应性的工作处理和监察，保障全员参与工作的各个环节，通过与参与人员进行沟通和现场考察等方式发现、分析以及解决问题。

（2）全过程性原则。全过程性原则主要是针对实际工作中呈现的各个过程，包括评价过程、反馈过程、实施过程以及计划过程。值得注意的是，上述过程之间存在较为紧密的逻辑联系，需要按照一定的次序进行针对性的分析，实现过程分析的全面性，发现工作过程中出现的问题，并通过切实可行的方式进行针对性解决，促进各项工作的有效开展。

（3）全方位性原则。全方位性原则中的全方位性主要是指具体的内容、形式、手段、目的等。在进行 PDCA 闭环管理的过程中，研究者需要立足全方位性的原则，针对具体工作目的、工作手段、工作形式和工作内容有一个全面性、立体性的分析，发现各个工作元素存在的问题，提出针对性的解决策略，促进整个工作的顺利进行。

（五）PDCA 闭环管理的流程

（1）四个阶段。为了更为直观地展示 PDCA 闭环管理模式，笔者会介绍此种管理模式的四个过程，如图 5-1 所示。

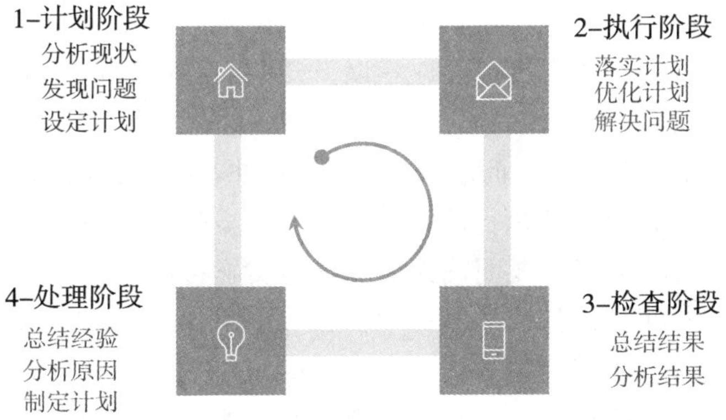

图 5-1　PDCA 闭环管理模式的四个阶段

①计划阶段。在计划阶段，相关人员需要确定管理目标，并拟定管理目标的执行计划。具体来说，相关人员可以借鉴以下四步：首先，研究者需要分析现状，发现问题，以解决问题为目标。其次，研究者需要

分析问题存在的原因，并尽可能多地从多个角度入手，分析可能出现的所有问题。再次，研究者可以通过多种方式，比如引入更多主体参与讨论的方式，探究出造成问题的主要原因。最后，以探究的主要问题为依据，设定相应问题的解决计划。

②执行阶段。研究人员可以根据相应的计划，充分运用各种条件，落实各个计划。与此同时，研究人员需要根据具体实际计划的进展，适时地调整相应的计划，比如优化原有计划的步骤、增添新的计划步骤等，旨在解决最终问题。

③检查阶段。在检查阶段，研究者需要完成以下工作：第一，对执行阶段的结果进行深入总结。第二，划分结果。研究者运用一分为二的方式划分结果，即良好的结果和不佳的结果。

④处理阶段。研究者需要综合运用上述两种结果。针对正确的结果，研究者需要深入分析取得良好结果的原因，并将这些原因升华成相应的执行规则或是步骤，使得每一次执行均获得良好的结果。针对不佳的结果，研究者需要综合整理这些不佳的结果，并将这些结果由易到难进行层次划分，并在下一次的 PDCA 循环管理中进行针对性解决。

（2）八个步骤。①前四个步骤。第一，分析整体现状，找出相应的问题。第二，分析造成这些问题发生的多个原因。第三，在上述原因中找出主要的原因。第四，结合主要原因，提出针对性的策略。在具体策略提出的过程中，研究者需要注意以下几个问题：首先，制定该方案的依据，旨在构建原因和问题之间的内在逻辑，最终解决问题。其次，方案执行过程中可能出现的问题及解决办法。再次，具体问题解决的场所、负责人、执行时间以及执行步骤。②后四个步骤。第一，执行计划。在计划执行中，研究者既要明确最终的计划实施目标，又需弹性地落实相应的计划，并在具体计划的执行中，综合运用各种条件，创造性地解决各种意外问题，实现终极目标的平稳推进。第二，结果检查。研究者在完成计划后，需要将最终的结果与预期的结果进行对比，得出最终目标占预期目标的比例，分析造成这种结果的实际原因。第三，规范经验。针对良好的执行结果，研究者可以分析其中的原因，将这些原因升级成规范的操作步骤，实现执行方式的标准化，高效推进整个工作。第四，解决不佳的执行结果。针对不佳的执行结果，研究者可以按照 PDCA 循环管理模式，开展新一轮的过程研究，促进问题最终的解决，提升整体的工作效率。

二、借助 PDCA 闭环管理，有效发现现代学徒制的“漏洞”

基于 PDCA 闭环管理模式的全过程性、全员性和全方位性原则，在探究现代学徒制课程质量保障体系的过程中，校企生三方可以将此种管理模式运用在课程教学的各个方面，比如课程开发、实施以及管理等环节，并加强对课程评价、课程资源以及课程设置方面的分析，旨在发现现阶段现代学徒制课程质量保障体系的问题，为后续问题的解决提供必要的参考。

（一）PDCA 闭环管理模式能融于现代学徒制课程质量保障体系的原因

1. 开发课程——建立课程质量保障体系的基础

在进行课程开发的过程中，校企生三方需要充分融入课程开发的过程中。为了更为高效地开发课程，校企生三方需要理清彼此间的关系。学校和企业是课程开发的主体，学生是课程的使用者和建议者。在此之后，作为课程开发的主体，校企双方需要明确课程开发的培养目标。在进行课程开发的过程中，学校和企业需要从宏观和微观两个角度设定人才培养目标：从宏观方面，学校和企业一方面需要从国家经济发展大趋势的角度入手，了解我国未来经济发展的特点和趋势，在此基础上对行业发展方向做出整体性判断；另一方面能够把握行业发展现状以及存在的突出性问题，找准行业发展的“痛点”“痒点”“兴奋点”，通过培养人才的方式，在一定程度上弥补现阶段行业发展的短板，推动行业的发展。除此之外，校企双方在课程开发的过程中，需要对接现阶段国家职业资格标准，适应现阶段本行业的人才发展需求，既让高职生学习相应的技能，又让他们的技能获得肯定（比如获得相应的资格证书等），真正让学生在未来就业的过程中取得强有力的优势地位，并以此为基点，运用哲学中的个体变化带动整体变化原理，大范围推广此种课程模式，达到良好的辐射效应，提升现代学徒制整体的育人水平，发挥课程开发的积极作用。值得补充的是，在课程实际的开发过程中，校企双方可以通过现代信息技术，即完成课堂教学与网络教学的完美“嫁接”，构建数字化的现代学徒制课程，让学生在网络中结合个人的需要以及未来行业发展的方向，灵活选择相应的课程，满足学生的个性化发展需求，将课程开发的作用发挥到最大。在微观方面，学校和企业一方面需要结合各自的特点；另一方面需要彼此交流，达成共识，最终促成问题的解决。

在学校方面，参与现代学徒制构建的学校相关人员需要明确三方面的内容：第一，本校的师资力量以及综合水平。第二，本校学生的专业学习基础以及综合学习能力。第三，本校的实际教学条件，比如教学场地、教学设备等。在企业方面，参与现代学徒制课程体系构建的企业一是需要明确本企业现阶段人才需求的专业及标准，二是预判未来人才的需求，从现状和未来两个角度入手进行相应人才的培养。此外，企业需要从实际情况出发，注重从人才培养的角度入手，即在了解人才需求方向的基础上，应充分考虑自身是否具备培养该种人才的能力，并借助学校的力量，完成相应的现代学徒制课程体系的建设，促进人才的形成。

总而言之，在进行课程开发的过程中，校企生三方在明确各自关系的基础上，从微观和宏观两个角度入手确定现代学徒制课程目标，明确未来发展对人才的需求，满足现在人才的需要，为我国社会主义的发展提供技术型、知识型以及创新型人才。

2. 课程实施——保证课程作用实现的关键环节

在课程实施的过程中，校企需要满足“双对接”，即学校人才培养目标与企业人才需求相对接、教学内容与企业生产相对接，让学生实现入校即入企，毕业即就业的良好心愿。为了达到这种目的，在课程实施的过程中，校企双发需要从图 5-2 所示的内容入手，逐步实现现代学徒制人才培养的高效化。

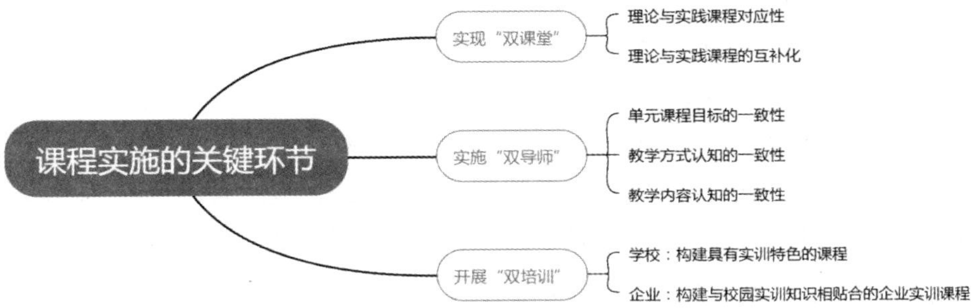

图 5-2　课程实施的关键环节

（1）实现“双课堂”。在进行“双课堂”的衔接过程中，校企双方在课程内容开发的过程中，需要做到以下两点。首先，理论与实践课程相对应。学生在学校课堂学习的理论知识与企业学徒在实践课堂中学习的知识要对应。其次，实现理论课程与实践课程的互补。在企业进行实践课程的过程中，企业师傅与院校教师需要进行有效的沟通，比如企业师傅可以通过“双师协同机制中的直播模式”现场，反映学生在实践中存在的问题，校内教师针对实践中的问题，适时地组织学生进行理论的讨论，促进实践课程的有效进行，实现学校课堂与企业课堂之间的有效互补。

（2）实施“双导师”。在进行“双导师”的课程体系构建的过程中，校企双方可以让企业师傅与院校教师完成以下三方面的“一致性认知”：首先，单元课程目标的一致性。企业师傅与院校教师在设计课程单元时，可以从企业生产以及学校教学两个角度进行思考，设定符合学校育人以及保证企业利润的最大公约数的教学目标。其次，教学方式认知的一致性。院校教师以及企业师傅教学方式的选择需要达成一致，即增强课堂教学方式与企业实训方式的一致性、互补性。比如，在学校的教学中，院校教师运用理论教学的方式授课，而企业师傅可以依据课堂教师的理论学习知识，进行针对性的实训，让学生在具体的操作中联想、运用理论知识，并将其运用到具体的实训中，促进学生理论和实践能力的双重提升，将教学方式认知一致性的效益发挥到最大。最后，教学内容认知的一致性。在具体课程的教学过程中，教师在教学前需要与企业师傅进行沟通和协商，让企业师傅发表对现有教学内容的看法，并结合企业的生产实际进行相应的补充，一方面可以让学生掌握的现代学徒制内容更具有丰富性和实用性；另一方面能够让学校教师教学和企业师傅的实训更具配合性，最终促进课程教学目标的实现。

（3）开展“双培训”。为了促进“双培训”的有效落实，院校教师和企业师傅需要对实训的内容进行深入沟通，并在达成共识的基础上，将各自的实训内容进行交换，促进课程的有效实施。在学校方面，院校教师需要构建具有实训特色的课程，并且逻辑清晰地呈现个性化的实训计划，比如实训教学标准、实训教学指导书、实训教学计划、实训教学技能训练计划等，并将这些内容发送给企业师傅，方便企业师傅进行下一步的实训工作。在企业方面，企业在与教师对具体实训内容达成共识的基础上，结合教师发送的实训内容，深入分析现阶段企业生产需要，设定相应的企业实训内容，并灵活开展相应的实训方式，比如学生独自实践、小组化实践、师带徒式实践等，让学生在企业实践中深化校园实训知识，熟悉企业生产场景，真正使他们掌握企业急需的技术、技能。通过进行“双培训”的方式，学校教师与企业师傅可以进行有效的互动，促进现代学徒制课程的顺利开展，促进学生综合实训技能的增强。

3. 课程评价——为课程质量的提升指明方向

在进行课程评价的过程中，校企双方需要制定相应的课程评价标准、方式以及主体，更为客观地对课程教学进行评价，一方面肯定其中的优势，将这些优势转化成理论经验，并进行针对性推广；另一方面发现课程实施中的问题，分析问题产生的原因（即运用全程化、全主体、全要素的思维进行分析），并结合具体的原因制定相应的解决方案，开展新一轮的 PDCA 闭环管理。笔者在此对课程评价的实施状况进行简要介绍。在课程评价标准方面，学校教师和企业师傅需要在育人性和营利性之间找到平衡点，制定相应的考核评价标准，合理设定校企双方的评价权重。在评价方式上，学校教师以及企业师傅可以结合具体的课程内容，灵活采用多种评价方式，比如过程性评价与结果性评价、定性评价与定量评价等；在评价主体上，学校教师以及企业师傅可以采用 ESETT 课程评价方式，即引入多种评价主体，比如学生、企业师傅、学校教师、用人单位管理者、行业专家、教学管理人员等，让整个评价更具全面性。通过进行多方位的课程评价，院校教师与企业师傅从多角度对课程进行评价，有利于课程内容的完善、教学方式的优化，促进现代学徒制人才培养质量保障体系的完善。

4. 课程管理与反馈——保障课程质量的有效提升

本部分中的课程管理即为对现有课程教学经验的总结。课程反馈的对象是现阶段的授课问题。课程管理和反馈的主要内容包括以下方面：课程教学评价、课程的组织实施、课程教学资源的整合、课程教学内容的选择、课程教学设计以及课程目标的确定。在现代学徒制试点班级课程管理的过程中，院校教师以及企业师傅可以通过此种方式，让后期的课程实施更具制度化、规范化和有序化，促进现代学徒制人才的顺利开展。更为重要的是，院校和企业可以从问题入手，通过解决现代学徒制人才培养问题的方式，推动我国职业化校企融合教学中的现代学徒制育人模式走上新的台阶。

（二）PDCA 闭环管理模式在课程保障体系中的应用

1. 总体思路

在运用 PDCA 闭环管理模式进行课程保障体系的构建中，笔者着重从课程质量计划、课程具体执行、课程多方评价、课程管理与反馈四个角度入手，分析现阶段课程教学中存在的漏洞，促进后续现代学徒制环节的推进。

2. 具体落实

（1）“P”——课程质量计划。课程质量计划包含以下四方面内容：首先，知识目标。教师与师傅可以设定学生在理论知识中的学习目标，比如掌握通识知识、专业基础知识、专业核心知识、延伸知识（可持续发展知识）的人数在总体学生中的比例。其次，技能目标。在现代学徒制开展的过程中，校企可以借助各自资源，与专业评估机构进行合作，阶段性地鉴定学生的技能等级，并颁发相应的等级证书。最后，质量标准。以生产产品的合格率为例，校企可以在充分了解学生的实际综合生产水平的条件下，让他们参与相应产品的生产，计算学生的产品合格率，以此作为评判学生综合生产技术质量的重要标准。除此之外，校企双方需要制定实现计划的保障措施，此部分内容会在下文的“（三）”中介绍。

（2）“D”——课程具体执行。本书中的课程具体执行包括三方面的内容，分别是开发课程、设计课程以及实施课程。在此三个环节中，校企双方需要注意以下三点：首先，明确各个部门的职责。其次，结合PDCA闭环管理的特点，确定实际的开发课程、设置课程以及实施课程的步骤。最后，进行课程质量计划和原则的制定。在具体的执行过程中，笔者主要介绍各个部门的职责以及对应的项目。

①课程的开发和设置。在课程的开发与设置方面，笔者主要从院校教务处以及校内外专家两部分进行此部分内容的论述。在教务处方面，院校教务处主要负责的内容有以下几点：首先，对课程开发的各个环节进行针对性的指导。其次，组织各个与课程开发相关的主体进行针对性的课程开发活动，比如组织该行业的专家对课程的标准以及配置进行评审，达到构建科学化课程目标的目的。最后，落实课程开发中的各项经费。该专业的校内外专家主要负责的内容有以下三部分：第一部分，从职业岗位出发，确定与之相对应的课程教学任务。第二部分，深入研究该行业中最为关键的核心职业能力，并以此作为教学内容制定以及实训内容选择的重要依据。第三部分，在总结以上两部分后，校内外专家主要负责课程体系的建设以及相应的课程设置安排。

②课程的实施。在课程实施的过程中，院校以及企业需要结合不同主体，设置不同的责任，让各个主体之间相互配合，相互协作，促进现代学徒制人才培养的有效进行。在此，笔者对相应的主体及其职责的内容进行简要介绍，如图5-3所示。

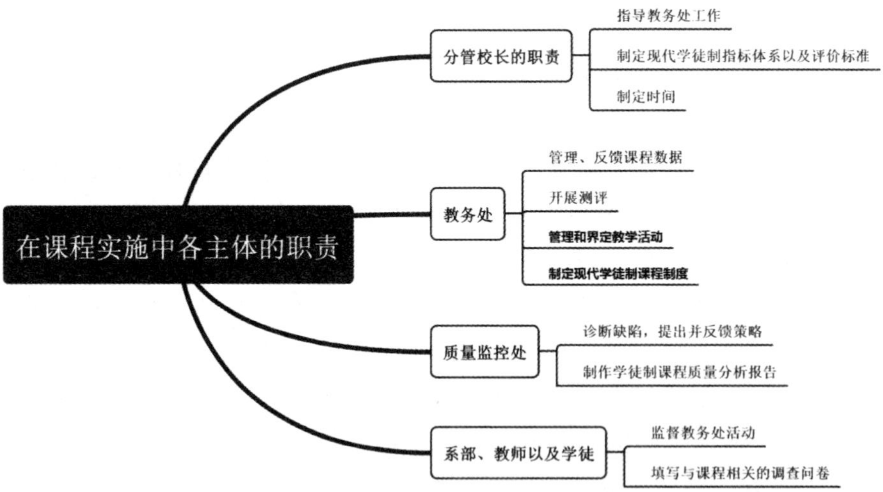

图5-3　在课程实施中各主体的职责

首先，分管校长的职责，其主要负责两方面的内容，一方面对教务处的工作进行指导，并管理现代学徒制班级活动的开展；另一方面制定相对科学的现代学徒制指标体系以及评价标准。

其次，教务处。教务处负责的职能如下：首先，对课程数据进行针对性的管理，并将这些数据反馈给监控处。其次，开展测评，即组织学校教师、学生以及企业师傅对现代学徒制课程满意度的测评，针对其中突出的问题以及相应合理的建议进行针对性采纳。再次，管理和界定教学活动，注重对特殊性活动进行定性。最后，结合现代学徒制的特点，制定以课程为核心的现代学徒制课程制度。

再次，质量监控处。此部分主要负责两项事务。第一项事务是对整体性课程设置的缺陷进行诊断，并提出相应的改进策略，向现代学徒制课程管理委员会提交改进的策略。第二项事务，制作现代学徒制课程质量分析报告，此项报告形成的数据源是教务部和系部反应的实际课程教学情况。

最后，系部、教师以及学徒的具体监督教务活动的过程（主要是现代学徒制开展存在的各项问题）。系部、教师和学徒三者之间在监控方面发挥的作用如下：首先，学生将在现代学徒制学习过程中存在的工作过程问题、工作效果问题以及工作体会问题等，及时反映给教师。其次，教师以学生反映的问题为突破口，思考课程设置、课程实施、课程资源相关的问题，并将这些问题反映给系部。最后，系部进一步总结教师反映的问题，并将这些问题反映给现代学徒制课程委员会，辅助此委员会解决相应的问题。

（3）“C”——课程多方评价。课程多方评价主要是指，对上一步的课程执行状况进行针对性的诊断，其中涉及的重点内容是，学生在现代学徒制学习过程中的具体的学习效果，即相应的知识学习以及实践学习的目标达成度，并以课程评价的指标体系、评价内容以及评价主体为依据进行目标达成度的检测，旨在总结完成目标的方法、措施及经验，以及未完成目标的原因。笔者在此从评价主体以及评价内容这两个角度进行论述。

①学徒。学徒评价的内容主要有三部分，分别是课程、教学以及自我评价。在课程评价中，学徒可以围绕课程以课程中的实施状况、内容

以及目标，从个人感受以及学习结果的角度进行评价。在评价教师教学时，学徒可以从教师的具体课程教学的多个角度入手，比如从教学态度、教学方法、教学内容以及相应的教学效果等角度进行针对性评价。在进行自我评价时，学徒可以从参与知识学习的感受以及具体的学习结果进行双向评价。学徒通过从课程、教学以及学习三个角度入手进行针对性评价，有利于课程设计者（比如学校教师以及企业师傅）了解学徒的所思所想，促进现有课程问题的解决，优化现阶段的课程内容，有助于推动精品课程在现代学徒制育人方面的积极发展。

②院校教师。校内教师作为评价的主体，可以尝试从以下三个角度进行课程评价。首先，考评学徒的课程学习效果，一方面从结果性考评入手，即课程考试、技能实训、职业资格证书获取等；另一方面从过程性考评入手，即学生在线下的课堂活跃度、在线上学习的综合效果。其次，对课程评价，即注重从教学条件的运用、教学大纲的解读、教学目标的实现入手，进行针对性的课程评价。最后，对教师个体的评价，注重从个人存在的教学问题入手，进行针对性问题的解决，增强个人教学的自我效能感。通过从课程的实施主体以及个人课程教学两个角度入手进行课程的评价，院校教师可以了解学生的知识吸收效果以及个人对于课程教学的把握程度，进而对课程的各个方面提出更为贴合学生和教师的建议，促进教学课程的完善。

③企业师傅。企业师傅的考评主要基于以下三点：首先，评价学徒。企业师傅主要从两个方面对学徒进行评价，一方面是过程性评价，即主要从学徒的表现、出勤率以及学习态度等方面进行评价；另一方面是结果性评价，从学生的业务考核入手，即在企业中，客户的满意度、客户的投诉数量等。通过对学徒的分析与评价，企业师傅可以较为全面地了解学生对课程知识的掌握情况，并结合他们在具体知识运用中的问题，及时向课堂教师进行反馈，从而对实际的课程内容以及方式进行相应的调整，让学生最大限度地接受课程知识，充分发挥课程在现代学徒制人才培养中的积极作用。其次，评价课程。在评价课程的过程中，企业师傅可以以评价学徒为切入点，从学徒具体实践知识运用的效果入手，并通过与学校教师沟通的方式，综合分析学徒的课程知识吸收程度、具体课程内容与实际生产的契合度，得出相应的课程评价效果。最后，师

傅自评。在具体的企业实训的过程中，企业师傅需要进行自我评价，尤其是对相应课程进行针对性教学评价时，应从个人对课程的理解以及课程知识在企业生产中的应用入手，更为全面地提出针对性的课程改革建议。

④校企协作部门（共育部门）。校企协作部门对课程评价的要点有以下几点：首先，对课程方案落实的主体进行评价，对学校教师以及企业师傅的课程教学效果、组织状况、设计能力以及教学能力进行针对性评价。其次，检查课程的满足条件，即院校的师资、选用的教材、教学大纲等多方面内容是否满足课程开展的需要。再次，对课程评价结果进行系统全面的分析。最后，评价课程资源，其主要包括评价学徒参与实际企业生产的程度，还有教师在教学过程中的教学手段、作业批改、答题时效等。校企部门通过多角度的评价，可以对课程的制定以及课程参与主体的表现有一个立体性的认识，并提出针对性的课程完善建议，促进课程的优化，充分发挥课程在现代学徒制人才培养方面的积极作用。

⑤行业评价。行业评价主要是从课程内容以及课程教学两个角度入手。在课程内容方面，行业专业人员需要从课程内容的实用性以及满足未来发展趋势的程度两方面入手，进行评价。在课程教学中，行业人员可以以从事该行业人员的素质为依据，对课程中人才培养目标、方式进行针对性评价，并给出具有实用性的课程内容、课程教学方法、课程授课目标这三方面的建议。

（4）“A”——课程管理与反馈。课程管理与反馈主要内容是改进课程质量计划，其包含的内容有：首先，反馈教学过程以及监控数据。其次，判断课程评价中的问题。再次，调整、完善课程质量计划和质量保证措施。最后，通过循环运用“PDCA 闭环模式”，不断改进课程体系中存在的问题，增强现代学徒制课程的有效性，提高院校现代学徒制的人才培养水平。

现代学徒制课程管理委员会主要负责课程管理和反馈，主要从成功经验以及问题的策略两个角度入手。在成功经验方面，现代学徒制课程管理委员会可以深入分析其中的原因，并将此原因上升到理论层次，形成相应的工作规范和标准，并将优秀课程的教学经验加以推广。在问题解决策略的制定方面，现代学徒制课程管理委员会需要了解课程开展过程中存在的问题，并注重从多个环节进行分析，比如课程的管理、资源、课时、设置以及计划，找准其中存在的问题，并制定相应的解决策略。

（三）落实PDCA闭环管理模式的必要保障措施

1. 健全组织，形成规划

为了促进PDCA闭环管理模式，院校可以成立相应的组织，设定以本校校长为总指导规划，以各个部门为分指挥的子规划的模式，实现各个部门之间的有效衔接，促进PDCA闭环管理模式的有效进行。在具体的现代学徒制课程管理的过程中，院校可以落实“特事特办”“专人专管”“先行先试”的原则，及时解决在课程开展过程中的各种突发状况，促进课程活动的有效开展。

2. 建立标准，定期检查，及时反馈

在课程具体设置的过程中，院校需要构建相应的现代学徒制课程标准，比如规定课程的教学时间、教学内容、质量要求等。与此同时，院校需要构建相应的课程诊断和改进办法，并得到以校长为核心的其他部门的配合，比如教务处、校企协作部门、现代学徒制课程管理委员会等，实现有效的课程信息采集、整理、反馈，并分析相应的课程教学数据，深入探究造成相应课程结果的原因。

3. 构建多元化的课程评价体系

多元化课程评价体系主要是从评价的主体、评价的方式以及评价的手段这三方面入手。在评价的主体方面，本书上部分内容已经进行了论述；在评价的方式与手段方面，院校可以以学徒为中心进行相应课程的评价，并注重从以下几点入手：首先，学生的学习态度与具体的技能掌握情况相结合。其次，学生的毕业证书与职业证书相结合。最后，学校课堂、职场课堂与网络课堂三种教学评价相结合，更为全面地以学生为主体进行全面性的课程评价，打造“以生为本”的教学课程。

4. 依托网络，开展监控与反馈

院校可以通过构建智慧教育云平台的方式，加强对课程教育方面的监控和反馈，促进本校课程构建的完善。比如，院校可以从学生和教师两个角度入手，进行针对性的课程检测和反馈。针对学生方面，院校可以运用此平台，从课前、课中以及课后三个角度入手，搜集学生的课程学习状况，并对学生整体的课程学习状况进行整体性总结以及个体化总结，进而发现课程在目标、内容以及教学方式设置方面的“漏洞”，并进行针对性弥补。针对教师出现的“漏洞”，院校可以运用此平台检测教师的课程教学状况，并着重从教师的整个课程教学流程入手，分析教师的课程设计目标、具体教学手段以及学生的课堂反馈等，形成相应的数据，进行针对性的分析，为教师的课堂教学提供相应的策略性帮助，促进课程教学的顺利进行，并及时发现课程内容、课程大纲中的不合理之处，及时对现阶段的课程内容进行针对性的优化和完善。

第二节 构建“学分银行”分析“漏洞”

“学分银行”是一种模拟或是借鉴银行的功能特点，使学生能够自由选择学习内容、学习时间、学习地点的管理模式。与商业银行零存整取的储蓄方式相似。学习者平时零星学习可以得到学分，这些学分能像货币那样被存储在国家相关部门授权的机构，当达到一定标准之后，还能兑换相应的学历和非学历证书。

在此部分内容的论述中，笔者以“学分银行”作为课程问题分析的工具，从学生的立场入手，进行课程问题的分析，旨在发现现代学徒制课程对学生学习的影响以及学生对此种课程模式的看法，更为精准地寻找解决现代学徒课程的方法，推动现代学徒制育人质量的提高。

一、“学分银行”构建的意义

（一）满足多样化的社会人才需求

通过构建“学分银行”，院校可以综合考虑自身的教学实力，并充分运用企业的力量，完成相应的现代学徒制课程建设，让学生在此过程中选择个人喜欢的课程进行针对性的学分学习，强化学生的专项能力，提高他们的综合学习水平，满足多样化的社会人才需求。以汽车专业为例，院校一方面可以把握现阶段的人才需要，另一方面结合未来发展的趋势，根据社会需求设置相应的课程，比如汽车设计课程、汽车营销课程、汽车金融课程以及汽车评估课程（此种汽车评估课程的主要内容是二手汽车评估课程），旨在满足学生学习多样化的需求。

（二）提高校企合作深度与协同性

校企通过构建以课程建设为核心的积分银行，一方面可以提高校企之间因为各种原因造成的协同性问题，突破校企之间在沟通上的时空局限，让学校教师以及企业师傅通过网络登录积分银行的方式，分析学生在学校课程学习以及企业实践课程中存在的问题；另一方面有利于在校企双方相互沟通的基础上，结合学生在学习以及实习中存在的具体问题进行针对性的沟通。在达成共识的基础上，对现阶段的课程内容、课程目标以及课程教学方式进行有效的改进，最大限度地提高现代学徒制课程与企业实际生产的贴合度，增强学徒的实际工作能力，增强校企合作的深度和协同性。

（三）推动现代学徒制课程的建设与改革

在现代学徒制教学的过程中，校企通过运用“学分银行”，可以将每一位学生的学习成绩数据化，更为客观地呈现学生在现代学徒制课程学习中的优势和不足，深入分析课程内容与形成学生学习优势和不足的深度原因，明确现代学徒制课程改革的方向，促进现代学徒制课程的良性改革。

二、成立“学分银行”的保障

（一）根据课程性质，设计课程积分标准

在构建以课程为核心的积分银行中，院校可以以课程为依据划分不同的积分模块，即必修课积分模块、公共选修课积分模块、专业选修课积分模块，并将上述三种模块的比例划分成 5 ∶ 3 ∶ 2。在此，笔者需要简要介绍这三种积分模块的作用。一是必修课程积分模块。学生通过学习必修课积分模块，可以掌握本专业的基础性课程，此种课程技术性知识所占的比例较大，是从事技术性岗位、管理性岗位以及与本专业相关

岗位的重要基石。这部分模块课程的制定是由院校中的教授及一线教师、企业中的技术管理者以及一线员工共同修订。二是公共选修课程积分模块。此部分中的选修课程注重将专业知识与学生未来的从业岗位挂钩，侧重解决的是学生未来的就业问题。三是专业选修课积分模块。专业选修课的主要内容涉及的是未来的发展趋势，即从国家产业专业给行业发展带来新变化的角度入手，开设具有预见性和前瞻性的课程，注重和科学技术相互结合。更为重要的是，院校可以在每个模块中设计统计系统，用于记录学生的学习时间、内容以及分析他们的线上学习测试结果，并进行深度分析，为后期的课程改革提供必要的数据依据。

（二）建立合理的积分管理机制

在进行机制保障的过程中，院校可以从以下两个角度切入。第一，制定制度，形成意识，落实行为。院校可以结合本校实际构建相应的学分制课程改革制度，一方面将学分作为课程改革的重要方向，另一方面通过学分设置的多少，引领学生课程学习的侧重点，实现良性积分导向的目的。第二，引入标准，有效管理，时时监督。在进行学分制课程制度的改革中，院校可以引入 ISO 9000 质量保证体系，构建以积分为标尺的内部课程质量管理平台，实现对课程改革和课程教学有效的时时监管。

（三）多元的评价保障

本部分中的课程积分制保障机制主要包括三部分：第一部分，学生对课程的评价。学生对课程形成评价的基础是学生参与课程的学习，在掌握一定课程知识以及存在相应课程疑问的基础上进行评价，注重表达个人对课程学习的主观感受以及客观学习结果。第二部分，教师对学生课程的评价。教师可以将学分管理运用于现代学徒制课程的教学过程中，通过学生的课堂学习表现以及最终的教学结果，分析课程内容与具体实施效果之间的关系以及与个人教学习惯的匹配度、与学生认知之间的连接度，进而对相应的课程进行打分。第三部分，企业对课程的评价。企业可以根据学生在实训过程中的表现以及他们对课程知识具体的运用情况，对相应的课程进行评价，给予课程相应的分数。通过学生对课程评价，以及学校教师与企业师傅共同以学生的学习效果为依据，对课程进行评价，有利于更为客观地认识课程内容，剔除其中不合理的部分，加入适应时代发展需要、人才培养需要以及学生学习水平的课程内容，促进现阶段课程的完善，提高现代学徒制整体的教学质量。

三、不同主体运用“学分银行”发现的课程“漏洞”

在“学分银行”的运用中，院校可以从教师、学生以及企业师傅三个角度入手，以学生个体的学习结果为依据进行分析，探究现阶段现代学徒制课程存在的“漏洞”，为后学课程的构建提供相应的依据。

（一）学生个人

院校学生通过“学分银行”这种形式，一方面可以获得课程学习的自主权，提升学习的自主性；另一方面也存在一定的问题：一些学生在课程学习中常常存在课程理论学习与实践学习联系性差的状况，即个别学生可以在课本上对相应机械的原理进行深度剖析。在实训中，面临着无法找到现实中对应的元器件，且不能将元器件中的各个构成器件与书本中绘制的抽象元器件进行一一对应的尴尬状况。这要求在实际的课程内容的设置中，学校教师以及企业师傅既要展示理论化的图示，又需展示实际的元器件，并对元器件的构成以及功用进行详细介绍。

（二）院校教师

部分院校教师综合考虑学生的实际学习结果以及具体的授课发现：部分校企合作编制的课程虽然具有较强的实用性，但是就其内容而言，却具有琐碎的特征，即无法将这些琐碎的内容进行系统化的梳理，导致部分学生在课程内容的学习中出现效果不佳的状况。

（三）企业师傅

通过企业师傅对课程积分的评价得知：在具体的课程教学中，部分学生存在严重的动手能力差的现象。造成这种现象的原因在于：在课程内容的安排上，存在理论内容与实训内容不一致的情况。与此同时，课程内容的教学时间与实际企业生产需要相应内容的时间经常出现错节，导致学生无法真正将课程所学运用到企业的生产中，在一定程度上造成人员的浪费和企业生产成本的增加。

第三节　实施考核机制总结“漏洞”

本部分中的实施考核机制总结“漏洞”主要是运用大数据，分析整个班级学生的课程学习状况，并将全体学生对课程学习的看法进行汇总。找到出现问题的根本原因，提出针对性的策略，促进课程问题的彻底解决。

一、大数据应用于考核机制，总结课程“漏洞”的意义

（一）有利于全过程化的课程质量考核评价

院校通过运用大数据落实考核机制，有利于对具体的课程体系进行全过程性评价，一方面从具体的课程教学结果入手进行评价；另一方面以整个课程教学过程为依据，使得整个课程的考核更具有全面性，有利于发现在教学过程中课程内容、方式以及目标等方面存在的具体“漏洞”，促进院校现代学徒制课程体系的优化。

（二）有助于多阶段化的课程质量考核评价

院校通过大数据落实考核机制，可以从多阶段入手，即学生在初步学习课程知识、学习课程知识的过程中、学科课程结束后三个阶段，统计学生在此三个阶段中对课程学习的感受数据、结果数据，形成相应的理性和感性认知，为后学课程的改良提供依据。

（三）有益于多功能化的课程质量考核评价

本书的多功能化主要是针对不同的主体而言。从学生而言，课程主要应用于两方面。第一，就现阶段而言，考取职业等级资格证书。学生

可以将校企合作中的相应课程知识运用到职业资格等级证书的考取中，并运用大数据分析职业资格证书中的内容与课程内容之间的吻合度，对课程内容进行针对性评价。第二，就长远发展而言，满足未来的职业发展需要。学生可以通过企业实习的方式对所学课程内容进行评价，思考所学课程是否可以真正运用在企业实习中，进行针对性评价。

从企业发展而言，企业可以从两个角度入手对课程内容进行评价：第一个角度，仅对课程内容进行评价。企业可以从现阶段人才的技能要求和素质要求两个角度入手，运用大数据对课程内容进行评价，并从企业的角度提出个人的看法，促进课程内容完善。第二个角度，仅从学生的课程内容学习效果入手，对课程内容进行评价。院校企业可以运用大数据，从学生的实习状况入手进行分析，一方面通过与学生沟通的方式，了解他们的所学内容，另一方面根据他们的表现分析学校教师的授课方式，并从课程内容以及教师教学状况两个角度进行针对性评价，促进课程内容和课程教学方式的完善。

就学校教育而言，学校可以从学生的考级状况、实习状况两个角度入手，对实际的课程内容、课程目标以及课程方式进行针对性反思，真正在与企业联手的过程中构建最具有实用性、前瞻性的课程。具体来说，在考级方面，院校可以运用大数据统计分析校企合作课程学生的考级通过率以及学生在此门课程学习中的表现两个角度，对现阶段的课程内容进行评价。在实习状况方面，院校运用信息技术构建校企沟通平台，通过该平台统计，分析企业在网络上对学生进行的实习评价，了解实际课程内容的设置状况，对课程内容以及相应的授课方式进行针对性评价。

二、大数据应用于考核机制，总结课程漏洞的措施

本书中运用大数据进行考核，总结课程“漏洞”主要是指院校通过运用大数据实现采集、整合以及应用课程数据的过程，并以采集的数据作为课程考核的重点，对实际的课程体系进行针对性评价。

（一）全过程采集课程数据

在全过程采集课程数据的全过程中，院校首先需要重视课程数据采

集工作，其次要运用互联网构建教师与学生之间的连接，即让师生适时地在互联网上发布相应的对课程学习的看法、建议以及感受方面的数据，提高课程数据采集的全面性。

（二）科学化整合课程数据

科学化整合课程数据中的“科学化”主要体现在以下两点。第一，各部门之间的协同性。院校可以运用信息技术实现各部门之间的有效协同，并在此基础上，让各部门之间进行课程数据沟通，实现课程数据的有效整合。第二，课程数据的甄别。院校可以让现代学徒制课程管理委员对各部门汇总的课程数据进行核查、筛选和分析，做到“去粗取精”，最大限度地筛选出有价值的课程数据，并对其进行分类汇总。

（三）有效应用课程数据

本书中的有效应用课程数据，即对课程的考核。在将有价值的课程数据进行分类汇总后，院校可以分析这些数据，尤其是从课程的内容、方式和目标入手，进行针对性的分析。以出勤率为例，院校通过大数据发现，汽车实训的出勤率远远高于汽车理论知识的出勤率。针对这种状况，院校对学生的构成、教师的授课方式以及汽车理论和实践课程中的内容等进行分析，发现是汽车实训课程的实践性吸引了学生；而理论知识较为抽象，导致学生实际的出勤率相对较低。针对这种情况，院校在理论课程的安排上，应注重引入具象化的教学形式，比如运用多媒体技术生动形象地展示汽车元件，让学生非常直观地学习相应的知识，提升现代学徒制的授课质量。

三、大数据应用于考核机制，总结课程的具体“漏洞”

（一）学生对课程的看法

在进行课程学习的过程中，大部分学生起初会对课程学习产生浓厚的兴趣。之后，部分学生并不能持续保持这种兴趣。出现这种现象的原因是：第一，课程内容的千篇一律，即在理论内容授课中，一味地讲解理论知识。第二，学生缺乏对所学专业的全面了解。部分学生在职业学习过程中缺乏职业学习规划和目标，导致在具体的课程学习中出现半途而废的状况。第三，教学方法的单一化。有些学生在进行专业课学习的过程中，往往对单一化的学习形式产生严重的抵触心理，无法全身心投入专业课程的学习，导致课程学习效果不佳。

（二）教师对课程的看法

院校教师在教学的过程中，常常发现部分课程内容虽然具有一定的新颖性，但是学校教师并不具备教学能力，学校也并不具备师资条件，导致具体的课程内容开展问题重重，进一步造成大部分学生在实习中无法将课程内容运用到企业实习中，造成课程教学效果差。与此同时，院校教师发现有些课程内容虽然适用于现实，但是这些内容的知识点较为散乱，导致部分学生存在一边学、一边忘的尴尬状况，造成整体的课程教学效果差。出现这种现象的原因在于，校企之间在共同开发课程的过程中缺乏深度的沟通和资源的有效互动。

（三）师傅对课程的看法

师傅对课程的看法主要基于学生在企业实训中的具体表现。一部分学生在企业实习的过程中并不具有较强的主动性，出现这种情况的原因有以下两种：第一种，学生在校企现代学徒制的课程中虽然学习了部分内容，但并未真正参与实践。第二种，学生的心理素质较差，即抗压能力差，害怕个人在操作过程中犯错，受到他人的批评。这也从侧面反映出学生的实践机会少，而缺乏强烈的企业实习目标感。笔者认为，院校以及企业需要加强对学生实训方面的训练，一方面让他们在实训中获得自信；另一方面让学生通过实训认识到自身理论知识学习的不足，并进行针对性的补救。这需要在具体的课程设置以及课程方式上提出具体的要求，学校教师以及企业师傅需要在共同协商的过程中提高实训课程的频次，还要提高心理塑造课程在校企合作课程中的比例，让学生在课程的学习中获得实训能力的提升以及良好的心理素质的塑造。

第四节　优化教学过程解决“漏洞”

笔者认为并没有彻底解决课程体系“漏洞”并且一劳永逸的方法，而是需要在校企合作中，针对实际的课程体系开展问题进行分析，不断地发现问题、解决问题，并总结经验。在动态化填补课程“漏洞”的过程中，实现现代学徒制课程的优化，促进人才培养质量的提高。在具体的实践中，笔者注重从以下几点进行分析。

一、教学过程前

在教学过程开展前，院校教师深入研究课程内容，结合课程内容与企业师傅进行针对性沟通，更为全面和立体地理解课程内容。与此同时，在实际的理论授课中，院校教师为了可以更为生动地进行理论知识的讲授，可以让企业师傅通过录制视频的方式讲解理论课程案例，并将这些课程案例融入理论授课的安排中。针对一些实训内容，院校教师首先需要确认本校是否具备实训教学条件，假如不具备，可以提前与企业负责人沟通，确定实训场地的使用时间，并邀请企业师傅参与学生的实训，对学生进行针对性的指导，为课堂教学做好充分准备。

二、教学过程中

在教学过程中，教师可以从理论和实践两个角度入手。在理论方面，教师要将抽象的理论知识以形象化的方式进行表达，一方面可以运用各种新的教学技术，比如虚拟仿真技术；另一方面可以使用企业师傅拍摄的视频，使整个理论知识的教学变得更加生动、逼真。此外，在具体的理论知识授课中，院校教师需要有意识地融入职业素养以及职业规划方面的内容，让学生深入理解职业的意义，让他们对未来的学习充满期待，培养他们在实习过程中的顽强毅力。在实践方面，如果院校不具备相应的实训条件，教师可以与企业达成共识，在不影响企业生产的状况下，将学生安排到企业进行实习，让他们在不断的实习中和企业师傅的指导下掌握必要的实践技能。在教学过程中，教师可以录制教学的整个过程，尤其是特别标明教学中存在问题的视频部分，并在课下与企业师傅进行沟通，不断完善教学内容和教学方式。

三、教学过程后

在教学过程之后，院校教师需要对整个课程做一个系统的总结，并绘制相应的思维导图，让学生可以更为系统地掌握此部分内容。与此同时，教师可以将录制整个教学过程的视频发送给企业师傅，让企业师傅共同参与课程的设置，从企业生产的角度指出课程教学中的问题，使整个教学课程兼具理论性和实践性，促进课程教学的优化。

总而言之，在进行教学优化的过程中，笔者以优化课程教学为解决“漏洞”的关键，并在此基础上，从教学前、中、后三个角度具象化地解决课程教学中存在的“漏洞”，旨在促进现代学徒制人才培养模式的良性发展。

第六章　总结与展望

第一节　总结

现代学徒制是中国文化的特有部分。在传统的现代学徒制中，师傅往往以口传身授的方式教学，并注重运用个人的言行影响和感染徒弟，让徒弟通过这种学习逐渐养成良好的职业工作习惯，掌握相应的技能，并在不断的实践中获得综合实践能力的提升，掌握一技之长。中国现代学徒制一方面继承了传统学徒制的优势，另一方面汲取各个国家在现代学徒制开展过程中总结的经验，并将这些优势转化为适用于我国的现代学徒制教学方法，推动我国现代学徒制人才培养保障质量体系的完善。在实际的现代学徒制人才培养质量保障体系的构建中，笔者认为需要加强校企之间的深度合作，尤其是在意识层面的共识，制定相应的现代学徒制人才培养目标，充分运用校企各自的优势，真正培养出技术型、知识型、创新型的社会主义现代化人才。在提高院校育人能力的同时，促进企业新鲜血液的补充，降低企业培养新人的成本，提高企业的盈利空间。在实际的现代学徒制人才培养质量保障体系的构建中，笔者着重从以下几个方面进行总结。

一、加强现代学徒制人才培养质量保障体系中各项动态制度的建设

在现代学徒制人才培养质量保障体系中，校企双方需要构建各种约束的制度，让整个现代学徒制下的人才培养更具规范性、科学性和高效性。在具体的制度方面，校企双方主要从现代学徒制的框架、校企生三方的责权利的界定以及精神制度入手，让现代学徒制背景下的人才培养更具科学性。与此同时，随着各院校现代学徒制人才培养水平的提高，相应的保障体系也需要不断进行完善，一方面规避其中的“漏洞”；另一方面将各种新的“漏洞”解决措施融入原有的中国现代学徒制人才培养

质量保障体系之中，增强保障体系的弹性和生命力，发挥体系优势，为社会的发展以及产业的转型提供高素质的复合型人才。

二、加强现代学徒制人才培养质量保障体系中校企生三方的融合力度

在中国现代学徒制人才培养质量保障体系的构建中，笔者认为最为关键的是协调好校企生三方的利益，即学校的育人性、企业的营利性和学生的发展性。为了让三者更为积极地投入此项体系的构建中，院校、企业与学生需要认识到此体系构建的核心点为学生，要不断提高学生的职业素养和职业能力。

在明确具体的人才培养目标的前提下，校企生三方达成利益的契合，并为了共同的目标制定符合校企生三方利益的现代学徒制人才培养质量保障体系。在实际的体系构建中，校企生三方需要明确各自的工作内容，以及彼此内容之间的逻辑关系，实现彼此之间的有效配合，提高沟通的有效性。

具体来说，在此保障体系的建设中，学校和企业需要做到：共同招生、共建课程、共建实训基地、共建实训环境。

学校和学生之间需要做到：对于学生而言，学校一是要做到让学生了解所学专业，尤其是其未来的从业岗位，让教师辅助学生制定符合自身的岗位目标；二是需要做到为学生提供良好的学习环境，提供强有力的师资力量、课程内容等，促进学生理论学习能力和实践能力的双重提升。对于学校而言，学生一是要认识到进行现代学徒制学习的重要性，明确职业对于人的发展和未来生存的重要性。二是在树立正确学习意识的前提下，积极地融入各种实训教学和理论教学中，通过不断实践、思考以及总结的方式，增强个人的综合素质。在此之后，学生需要及时向教师反映各种现代学徒制学习过程中的问题以及个人的看法，促进现代学徒制人才培养质量保障体系的完善。

企业和学生之间需要做到：对于企业而言，学生在主观方面需要认识到自己已经不是学生，而是一个职场人，真正以职场人的标准要求自己，懂得负责、诚信、自信，更好地融入企业生产中。与此同时，学生全身心融入企业中，应积极参与各项企业活动，积极地融入集体，建立

良好的人际关系和师徒关系，与大家进行积极的沟通与交流，向他人学习更多的专业知识以及为人处世的道理，促进自身的全面发展。对于学生而言，企业可以为学生提供良好的培训机会，让他们了解企业文化，熟悉相应的企业规则，使其更好地融入企业的生产经营。与此同时，企业可以通过互选的方式，让师徒之间相互选择，组建相应的师徒小组，并注重引入校企沟通机制，让师傅通过此机制更为全面地了解学生，为学生在企业中的有效成长创造各种条件。

总之，校企生三方在达成共识的基础上进行深度融合，一方面有利于良好师徒氛围的营造，另一方面能够实现三者的有效沟通、相互帮助，促进校企生三方在现代学徒制人才培养质量保障体系中的完善，实现人才培养的有效性和高效性。

三、加强现代学徒制人才培养质量保障体系中的双师队伍建设

为了保障现代学徒制人才培养质量保障体系的良性构建，校企需要加强师资建设，尤其是从提高企业师傅以及学校教师的综合教学能力入手，真正打造一批适应时代发展，集技术型、知识型、创造型于一体的师资队伍，为专业人才的培养提供“土壤”。具体来说，在学校教师培养方面，院校需要响应国家和时代的号召，跟随教师队伍建设的总趋势，并深入结合本校的教学水平以及设备基础，开展针对性的师资力量锻造，让教师成为推动现代学徒制人才培养质量提升的核心力量。在企业师傅的培养过程中，企业应注重让企业师傅逐步掌握相应的教学方法，注重提升校企之间的合作力度，综合运用“引进来”和“走出去”的策略，一方面为企业引入具有丰富教学经验的教师，传授企业师傅相应的教学方法；另一方面向学校派遣企业师傅，让他们积极参与教师的备课以及实训教学，促进教师专业教学水平的提升。更为重要的是，校企双方从主观上需要将学校教师和企业师傅看成是密切的合作者，构建两者相互交流和沟通的机制，针对现代学徒制开展中的课堂教学以及企业实习的问题，进行针对性探讨，让两者在交流的过程中相互促进、相互学习，在日常的交流过程中达成更多的共识，促进现代学徒制人才培养的高效进行，不断完善现代学徒制人才培养质量保障体系。

四、加强现代学徒制人才培养质量保障体系中教学过程的有效监管

在现代学徒制人才培养质量保障体系的构建中，院校需要注重构建相应的监管模式，即对该种体系进行有效监管，及时发现此种体系存在的问题，并进行针对性的解决，促进现代学徒制人才培养质量保障体系的完善。具体来说，院校需要结合本校现代学徒制人才培养的开展状况，结合学校的真实实力，适时地引入相应的质量监管模式，充分运用大数据，及时发现在现代学徒制人才培养中的问题，并进行针对性纠正，真正培养出适应新时代的高质量人才。

第二节　展望

一、中国特色现代学徒制的发展走向

（一）从关注教育主体转向关注学徒成长

随着现代学制的发展，校企开始将凸显校企的双主体育人价值向培养优秀学徒的方向转变，通过向社会提供优质人才的方式，促进产业的优化升级。为了培养优秀的学徒，校企双方在现代学徒制的人才培养中，更加关注学徒的价值塑造、能力培养以及技能训练，真正构建以学徒成长为中心的人才培养模式，创新发展现代学徒制，彰显现代学徒制人才培养的优势。

（二）从关注资源投入转向关注成果产出

在现代学徒制人才培养的过程中，校企双方既要关注其中的投入资源，又需更加注重人才的产出，即从人才培养目标和培养方式的角度入手，培养高质量的优秀学徒。为了实现高质量人才培养的目的，校企双方在现代学徒制人才培养质量保障体系的构建过程中，需要注意以下三点，如图 6-1 所示。

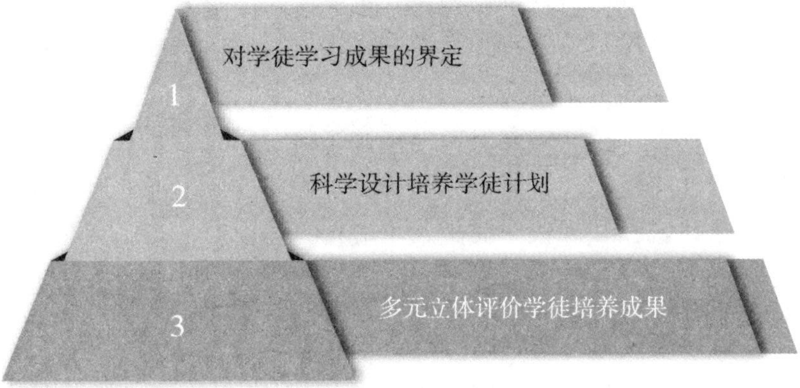

图 6-1　从关注资源投入转向关注成果产出的注意点

首先，对学徒学习成果的界定。院校在界定学徒学习成果时，要以了解学徒的现有特点和技术水平为基础，设定贴合学徒实际的培养目标，制订相应的学徒培养计划。

其次，科学设计学徒培养计划。在科学设计学徒培养计划的过程中，院校可以以学徒的培养计划为依据，通过多种技术手段，比如等级评定、技能测试的方式，在了解学徒基本水平的前提下，设定相应的学徒培养方案，促进学徒成果的达成。

最后，多元化、立体化地展示学徒评价成果。本部分中的“多元”主要是指评价主体的多元化，既要让学校教师以及企业师傅进行评价，又要让更多的其他主体参与评价，比如行业专家、企业管理者、行业协会人员、社会创业者等，让学徒培养成果更好地满足不同主体对人才的需求。本部分的重点——立体评价的目的是满足社会经济发展以及我国产业转型对各种人才需要的目标。

（三）从关注经验推广转向关注持续改进

校企共建现代学徒制试点的重点，是将成功经验和做法作为后续院校开展现代学徒制人才培养的指南，但在具体的现代学徒制人才培养的过程中，需要结合本校实际以及整个现代学徒制发展的大趋势，进行动态化的调整以及持续性改进，才能促进现代学徒制人才培养质量的提升。在持续改进的过程中，校企可以从以下三个方向入手：首先，对现代学徒制人才培养目标进行持续性优化。在现代学徒制人才培养目标的设定中，校企双方除了需要平衡各自的利益外，更重要的是需要满足社会对人才的需求。其次，动态调整学徒的毕业要求。为了保证现代学徒制中人才的平稳就业，校企需要保证现代学徒制人才的职业素养和技能与人力资源的要求相吻合。最后，对学校教学活动进行改进。为了满足企业的用人要求，院校在现代学徒制人才培养的过程中，需要实现学校教学活动与企业生产活动的对接，让学生“毕业便就业”。这也需要院校以企业生产内容为方向，不断调整现阶段的学校教学活动。

二、中国特色现代学徒制未来的实践方向

（一）兼顾法律完善与职教体系推进

在完善法律方面，国家可以以省级为单位，设定相应的现代学徒制管理条例和框架体系，建立现代学徒制专委会机构，推动现代学徒制法律的制定。在推进职教体系方面，国家可以从三个角度切入：首先，对现代学徒制供给侧结构进行优化，探索出更高层级的现代学徒制。其次，推动职普融通，构建普通高等教育与职业教育的学分共同认定机制和相互转化机制，提高社会对普职学历的认同度。最后，保障学徒的基本权益。在产教融合背景下的现代学徒制的人才培养中，校企双方需要保障学徒在企业实习中的基本权益，比如按时发放工资、缴纳社保、定期休假等。

（二）构建标准化的现代学徒培养机制

在标准化的现代学徒制培养机制的建构中，校企双方可以借鉴以下两个路径：第一，构建“课程 + 学徒 + 双师”的三重化标准。在进行此三重化标准的构建中，校企双方需要以职业发展和学生岗位培养为方向，在分析岗位能力的基础上，构建与岗位能力相匹配的模块化专业课程，设定专业教学的标准，此标准主要涵盖校企双导师标准、学徒考核评价标准、课程标准。第二，通过构建上述三重标准，校企可以以国家职业标准和岗位工作内容为基础，共同开发专业教材和教学内容，并将其纳入行业或企业的导师库中。

（三）研制现代学徒制工作实施指南

在制定现代学徒制工作实施指南的过程中，校企可以从以下三个角度切入：首先，构建现代学徒制人员组建的方式。校企双方需要构建校企双带头人机制，将企业技术骨干与学校骨干教师相连接，将企业管理人员与学校教学主任相连接，构建现代学徒制人员团队。其次，形成现代学徒制教材新编制法。校企双方可以构建“双元”新型工作手册式、活页式的教材。最后，形成持续优化的高质量现代学徒制工作指引。该工作指引主要包括三部分内容。第一，工作指引的具体内容，其包括前期的招工招生、人才培养方案的制定、师资准备；中期的学徒培养；后期的学徒就业以及岗位追踪。第二，对上述三项指引内容形成反馈机制。第三，结合反馈机制中的内容，适时地优化上述三项指引内容。

（四）现代学徒制的研究视角转向多维化

现代学徒制的研究视角转向多维化主要是指以下几点：第一点，职业教育维度。现代学徒制主要是为了满足社会发展中的人才需求。第二点，劳动用工维度。现代学徒制既可以满足群众的教育需求，又能够实现有效就业。第三点，人力资本投资维度。现代学徒制一方面对增强综合国力具有重要战略意义，另一方面有利于形成国家人力资本优势。第四点，文化传承制度。学徒文化制度既是一种职业技艺，即精湛的技术方法和技艺，又是一种优良的职业精神，即精益求精的工匠精神。

三、中国现代学徒制政策发展趋势

为了更加直观地阐述现代学徒制政策发展趋势，笔者首先运用图 6-2 所示的内容进行简明扼要的介绍，并进行详细论述，旨在让读者对现代学徒制政策的发展趋势有一个更为清晰的理解。

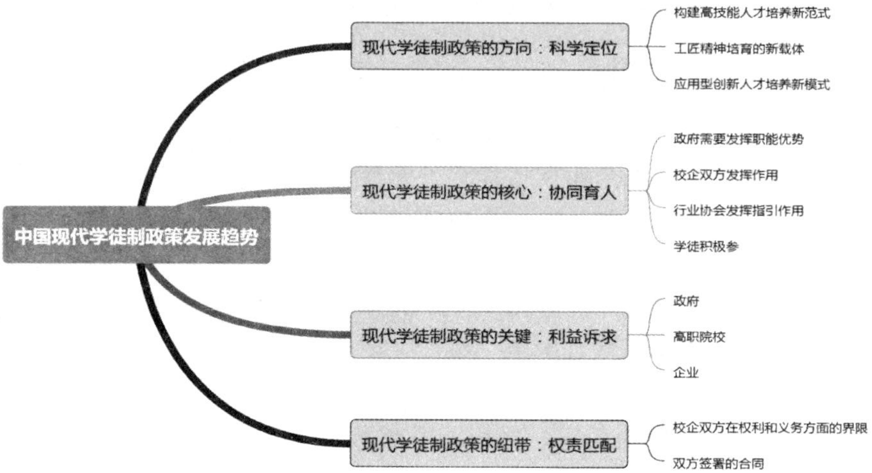

图 6-2　中国现代学徒制政策发展趋势

（一）现代学徒制政策的方向：科学定位

现代学徒制政策科学定位的核心是平衡立德树人和产业服务的关系。基于此，现代学徒制政策的定位需要立足以下三点：首先，构建高技能人才培养新范式，既要培养出高技术技能人才，又需培养人才的担当和责任意识。其次，工匠精神培育的新载体，一方面要提高人才的职业技能，另一方面需塑造人才精益求精的职业品格。最后，应用型创新人才培养新模式，既凸显学校学习与企业实践之间的创新，又体现实践问题与理论知识之间的创新，还能呈现隐性知识与显性知识的融合创新。

（二）现代学徒制政策的核心：协同育人

现代学徒制政策协同育人的核心是满足不同主体的利益诉求，其包括学生、家长、学校、企业、行业协会以及政府，最大限度地减少现代学徒制度对上述主体的制约，实现上述主体的风险共担、利益共享。为了达到此种协同育人的目的，需要做到以下四点：第一，政府需要发挥职能优势，即制定统筹各个主体利益、推进现代学徒制发展的各项政策。第二，校企双方发挥作用，即一方面推进校企合作机制；另一方面实现全方位对话，比如合作保障、合作内容以及合作方式，形成校企双方的内生动力，提高双方的合作深度。第三，行业协会发挥指引作用，既要为校企双方的现代学徒制开展提供相应的策略、信息指导，又需规范校企双方的行为。第四，学生或是学徒需要积极参与现代学徒制的开展，并以提升个人的核心技能和素养为目标，促进个人职业能力的提升。

（三）现代学徒制政策的关键：利益诉求

满足现代学徒制各个主体利益诉求的关键是以契约认同、多元发展、合理授权以及自主合作为原则，实现现代学徒制中利益相关者的利益的最大化。本书部分内容中的利益相关者的利益主要是从政府、高职院校以及企业利益三方面介绍。在政府利益方面，学徒政策需要满足政府宏观调控的职能，即促进政府对资源的合理配置，提升政策落实的公平性和执行性等目的的实现。在职业院校人才质量培养方面，学徒政策需要满足社会对高技能人才目标的要求，通过打造“双师型”教师队伍的方式，为培养社会需要的技术型、知识型、创新型人才提供助力。在保障企业利益方面，现代学徒制政策的制定，一方面要降低企业成本，另一方面要提高企业利润。

（四）现代学徒制政策的纽带：权责匹配

现代学徒制政策的纽带——权责匹配，是明晰的责权分配，此种方式既对主体活动进行约束，又能提高主体活动的效率。在现代学徒制政策的制定中，政策制定者需明确两方面内容：第一，明确校企双方在权利和义务两个方面的界限，并制定在出现权利冲突时，双方的应对策略。第二，双方签署相应的合同，通过条款的方式对双方的行为进行约束，让违约方承担合同规定中的损失和责任。

参考文献

[1] 黄蘋 . 基于国际经验的中国特色现代学徒制人才培养模式研究 [M]. 成都：西南财经大学出版社，2018.

[2] 胡学兰 . 类现代学徒制人才培养模式实践探索 [M]. 广州：广东经济出版社，2017.

[3] 刘彤，陆薇，许志强，等 . 新建本科院校应用技术转型的“现代学徒制”路径研究 [M]. 成都：西南交通大学出版社，2019.

[4] 滕勇 . 基于现代学徒制的顶岗实习教学模式研究 [M]. 北京：北京理工大学出版社，2017.

[5] 刘建林 . 高等职业教育现代学徒制探索与实践 [M]. 西安：西安电子科技大学出版社，2020.

[6] 夏宇虹 . 中高职衔接立交桥架构下学前教育专业现代学徒制实践研究 [M]. 武汉：武汉大学出版社，2020.

[7] 赵玮 . 现代学徒制中利益相关者收益分配机制研究 [M]. 北京：中国财富出版社有限公司，2020.

[8] 张宏亮 . 利益相关者视角下中国矿业治理机制研究 [D]. 北京：中国地质大学（北京），2015.

[9] 刘朝晖 . 新职业主义下高等职业教育核心能力的培养 [J]. 管理研究，2010（8）：118–119.

[10] 石伟平，徐哲岩 . 新职业主义：英国职业教育新趋向 [J]. 外国教育资料，2000（3）：47–51.

[11] 叶宏 . 高职现代学徒制研究与实践 [M]. 长春：吉林教育出版社，2015.

[12] 李宏策 . 基于现代学徒制的创客式工匠型教师团队建设策略研究 [M]. 北京：中国原子能出版社，2020.

[13] 刘艳 . 基于现代学徒制育人模式下的高职院校教学管理研究 [M]. 沈阳：辽海出版社，2018.

[14] 杨思斯 . 高职视角下构建基于现代学徒制下的教学质量保障机制 [M]. 郑州：黄河水利出版社，2018.

[15] 杨国峰，贾建鸿，叶秋玲 . 美容仪器应用 [M]. 上海：复旦大学出版社，2019.

[16] 付明明 . 美容实用英语 [M]. 上海：复旦大学出版社 ,2019.

[17] 田钊平 . 新时代职业教育现代学徒制应用型人才培养的制度创新研究 [M]. 北京：中国商务出版社，2020.

[18] 廖勇毅，丁怡心，苏琳 . 网页设计实践教程 [M]. 北京：机械工业出版社，2019.

[19] 王艳红 . 现代学徒制师傅队伍建设的研究 [D]. 南宁：广西师范学院，2018.

[20] 刘春生，周海燕 . 论美国基于新职业主义的职业教育理念及实践 [J]. 湖南师范大学教育科学学报，2006（2）：57–61.

[21] 王维，王博 . 现代学徒制质量控制研究 [J]. 现代职业教育，2022（9）：55–57.

[22] 周惠芳 . 现代学徒制“1 + N”人才培养模式下的“三教”改革 [J]. 科技与创新，2022（3）：150–152.

[23] 董甜园 . 英国现代学徒制的发展路径与保障机制研究 [D]. 重庆：西南大学，2018.

[24] 袁鹰，刘竺云，马永刚 . 高职院校现代学徒制人才培养模式研究 [J]. 创新创业理论研究与实践，2020，3（11）：127–129.

[25] 张志敏 . 现代学徒制下高职人才培养模式的探索与实践 [J]. 文化创新比较研究，2020，4（15）：138–139.

[26] 潘珩，章萍．现代学徒制人才培养标准与模式[J]. 中国高职科技，2018(Z1)：87–89.
[27] 胡跃茜，金璐．基于现代学徒制视角的工匠型人才培养研究[J]. 中国经贸导刊（中），2020（5）：169–170.
[28] 吴学峰．中国情境下现代学徒制的构建研究[D]. 上海：华东师范大学，2019.
[29] 陈克乐，唐玲琳，彭宇福．“成渝双城经济圈”背景下中职现代学徒制人才培养模式探索与实践[J]. 佳木斯职业学院学报，2022，38（1）：131–133.
[30] 邓卓鹏．高职酒店管理现代学徒制人才培养模式分析[J]. 中国市场，2021（7）：182–183.
[31] 郑东果，刘艳艳，刘志军．数控专业“新型现代学徒制”人才培养模式探析[J]. 职业，2021（18）：59–60.
[32] 李泉．探索现代学徒制培养体系提升高技能人才素质[J]. 中国商人，2021（6）：114–115.
[33] 曾珠．中外比较视角下的中国特色现代学徒制人才培养路径研究[J]. 中国成人教育，2021（16）：28–31.
[34] 刘星．校企共破“两张皮”产教融合育人才：中职教育现代学徒制人才培养模式探索[J]. 中国现代教育装备，2022（6）：62–66.
[35] 杜明明．现代学徒制中国职教人才培养的新探索[J]. 世界职业技术教育，2015（1）：9–11.
[36] 祝木伟．中国特色现代学徒制人才培养实施现状及改进策略[J]. 中国职业技术教育，2016（20）：16–19.
[37] 杜明明．中国职教人才培养新探索：现代学徒制研究[J]. 职业技术，2014，13（9）：18–19.
[38] 谢泽文．黄炎培职业教育思想概述[J]. 教育探索，2007（5）：7–8.
[39] 陈德泉．德国双元制职业教育的重新审视[J]. 中国高教研究，2016（2）：92–96.
[40] 罗丹．基于校企联合的高职现代学徒制人才培养研究：对接《中国制造2025》技能人才需求[J]. 创新创业理论研究与实践，2022，5（6）：139–141.

[41] 曾珠 . 中外比较视角下的中国特色现代学徒制人才培养路径研究 [J]. 中国成人教育，2021（16）：28–31.

[42] 王茹，范星，王烨，等 . 中国特色的医学专业“现代学徒制”人才培养模式的探索 [J]. 文学少年，2021（28）：274.

[43] 章建林，李响初，刘娜 .“中国制造 2025”视域下现代学徒制人才培养模式评价体系构建研究 [J]. 科技与创新，2021（17）：40–42.

[44] 程欣 . 中国特色高职教育现代学徒制人才培养模式研究 [J]. 魅力中国，2020（50）：52–53.

[45] 黄蘋 . 中国特色现代学徒制人才培养模式的逻辑起点及构建途径 [J]. 中小企业管理与科技，2020（26）：95–97.

[46] 苏维 . 基于现代学徒制的技能型人才职业素养培养研究 [D]. 武汉：湖北工业大学，2018.

[47] 詹洁雯，林玉泉 .“中国学生发展核心素养”培养在中职现代学徒制人才培养中的落实策略 [J]. 广东教育，2017（11）：46–47.

[48] 谢仁凤 .“中国制造 2025”背景下职业院校现代学徒制人才培养模式构建 [J]. 职教论坛，2017（18）：34–38.

[49] 黄宦霖 . 德国“现代学徒制”人才培养模式的中国本土化反思 [J]. 中国成人教育，2017（19）：31–33.

[50] 张彤 . 现代学徒制与中国职业教育人才培养模式研究 [J]. 新教育时代电子杂志（教师版），2015（29）：72.

[51] 陈九如 . 黄炎培职业教育思想探究 [J]. 安徽商贸职业技术学院学报（社会科学版），2004（2）：55–58，80.

[52] 刘颖 . 职业教育现代学徒制的政策研究 [D]. 南京：南京邮电大学，2021.

[53] 刘国庆 . 山东省高职院校现代学徒制运行机制研究 [D]. 贵阳：贵州大学，2020.